国家空间立法

对比与评估分析

National Space Legislation

A Comparative and Evaluative Analysis

[奥地利] 安妮特·弗罗里希（Annette Froehlich）
文森特·塞芬加（Vincent Seffinga） 著
宋博 张召才 邓刚 译

中国宇航出版社
·北京·

First published in English under the title
National Space Legislation: A Comparative and Evaluative Analysis
edited by Annette Froehlich and Vincent Seffinga, edition: 1

著作权合同登记号：图字：01—2023—1472 号

图书在版编目（CIP）数据

国家空间立法：对比与评估分析 /（奥）安妮特·弗罗里希（Annette Froehlich），（奥）文森特·塞芬加（Vincent Seffinga）著；宋博，张召才，邓刚译. -- 北京：中国宇航出版社，2023.7

书名原文：National Space Legislation: A Comparative and Evaluative Analysis

ISBN 978-7-5159-2257-7

Ⅰ.①国…　Ⅱ.①安…　②文…　③宋…　④张…　⑤邓…　Ⅲ.①外层空间—空间法—研究　Ⅳ.①D999.1

中国国家版本馆 CIP 数据核字(2023)第 127871 号

责任编辑　侯丽平　　**封面设计**　王晓武

出版发行	中国宇航出版社		
社址	北京市阜成路 8 号　**邮编**　100830 (010)68768548	**版次**	2023 年 7 月第 1 版 2023 年 7 月第 1 次印刷
网址	www.caphbook.com	**规格**	710×1000
经销	新华书店	**开本**	1/16
发行部	(010)68767386　(010)68371900 (010)68767382　(010)88100613（传真）	**印张**	14.5
		字数	166 千字
零售店	读者服务部　(010)68371105	**书号**	ISBN 978-7-5159-2257-7
承印	北京中科印刷有限公司	**定价**	56.00 元

本书如有印装质量问题，可与发行部联系调换

译者序

20 世纪 80 年代以来，空间系统逐步深度融入国家运行的各个领域和各个环节，空间日益成为国家安全和利益的重要基石，空间活动的主体和样式持续快速增加。尤其是近 10 余年来，私营航天快速崛起，空间物体数量急剧增加，且空间碎片移除、在轨推进剂加注、空间旅游等空间系统与活动新形态快速涌现，空间管理的压力和需求持续上升。为了规范国内空间活动，世界多国制定出台了空间法规。

习近平总书记指出，太空资产是国家战略资产，要管好用好，更要保护好。我国当前正在加快推进空间立法进程，在此背景下，切实把握全球各国空间立法发展沿革，洞悉各国发展模式和特色，对促进我国立法工作，具有重要现实意义。

本书围绕空间法规这一主题，介绍了瑞典、英国、澳大利亚、中国、比利时、荷兰、法国、奥地利、印度尼西亚、丹麦、新西兰各国空间法规的基本依据、适用范围与主要内容，并对各国情况进行了比较分析。本书对于了解世界各国空间法规的发展历程、内容与特点具有较高的参考价值。

本书由宋博、张召才、邓刚翻译，付郁、张扬眉、龚燃、吕景舜、张宁、张继荣、李侃、毕俊凯、李帅等同志参与了文字校对或编辑工作。

由于时间仓促及译者水平所限，译文难免存在疏漏不妥之处，恳请广大读者批评指正。

作者简介

安妮特·弗罗里希（Annette Froehlich）：科学家，从德国宇航中心（DLR）借调到维也纳欧洲空间政策研究所，也是南非开普敦大学空间实验室的名誉兼职高级讲师。弗罗里希毕业于法国斯特拉斯堡大学欧洲与国际法专业，随后在奥地利维也纳大学攻读商科硕士和博士学位。弗罗里希博士是德国宇航中心和德国在联合国和国际组织的代表，也是联合国和平利用外层空间委员会（UNCOPUOS）德国代表团的成员/候补团长。此外，安妮特·弗罗里希博士还出版了大量专业书籍，并在全球多所大学担任空间政策、法律和社会方面的讲师，其主要研究方向是欧洲空间政策、国际与区域空间法、新兴空间国家、空间安全以及空间与文化。Annette.Froehlich@espi.or.at；Annette.Froehlich@dlr.de。

亚历山大·加里塞布（Alexander Gairiseb）：从工程与运输部借调到纳米比亚民航局，担任法规方面的航空安全检查员，主要职责包括制定航空安全法规和政策，以及审查利益方的安全计划。他拥有纳米比亚大学法学（荣誉）学士学位，目前正在南非开普敦大学空间实验室攻读空间研究方向的研究型硕士学位，已发表数篇关于空间法的文章。agariseb@gmail.com。

伊加·穆罕默德·梅加（Ega Muhammad Megah）：莱顿大学航空法与空间法国际研究所（IIASL）的法学硕士，曾在印度尼西亚鹰航空公司（印度尼西亚国家航空公司）担任网络管理分析师，在国家航空航天研究所（LAPAN—印度尼西亚航天局）担任法律研究助理，对航空与航天领域的法律和政策有深刻的了解。他通过在航空法与空间法国际研究所的学习，不仅拓展了关于亚太地区的法律与政策知识，还了解了欧洲地区和一般国际空间事务的法律与政策。muhammad.megah2210@gmail.com。

文森特·塞芬加（Vincent Seffinga）：对高科技产业，尤其是外层空间方面的法律问题和研究有着浓厚的兴趣。他最近获得了阿姆斯特丹大学国际公法法律硕士学位和国际与欧洲税法法律硕士学位。他曾在维也纳欧洲空间政策研究所实习，2016 年作为学生、2017 年作为导师分别在华沙和罗马参加了欧洲空间法中心（ECSL）暑期课程，还与吕讷堡大学团队一起参加了 2017 年曼弗雷德·拉克斯（Manfred Lachs）国际空间法模拟法庭竞赛，由此积累了空间法和空间政策方面的知识。vincentseffinga@gmail.com。

目　录

第1章 引 言

1.1 研究背景

大量文献表明，各国最初主要通过负责航天领域的政府机构或国际合作组织来探索与利用外层空间①。然而，随着外层空间的私有化和商业化的迅速发展，私营企业也逐渐成为太空领域不可或缺的一部分②。人们普遍认为，各国对本国私营企业开展的空间活动负有责任。

---

① Irmgard Marboe，“国家空间立法”，源自 Christian Brünner 与 Alexander Soucek（编）《社会、政治与法律中的外层空间》（施普林格维也纳纽约出版社，2011），439 | Frans von der Dunk，“国际空间法”，源自 Frans von der Dunk 与 Fabio Tronchetti（编）《空间法手册》（爱德华·埃尔加出版社，2015），45 | Christophe Venet，“经济维度”，源自 Christian Brünner 与 Alexander Soucek（编）《社会、政治与法律中的外层空间》（施普林格维也纳纽约出版社，2011），55.

② Irmgard Marboe 与 Setsuko Aoki，“历史背景与脉络”，源自 Stephan Hobe、Bernhard Schmidt-Tedd 和Kai-Uwe Schrogl（主编）与 Peter Stubbe（副主编）《科隆空间法评注》（第3卷）（卡尔·海曼斯出版社，2015），494 | Christophe Venet，“经济维度”，源自 Christian Brünner 与 Alexander Soucek（编）《社会、政治与法律中的外层空间》（施普林格维也纳纽约出版社，2011），55-56 | Julian Hermida，《国家空间立法法律基础》（克吕韦尔学术出版社，2004），xiii | Paul Dempsey，“商业空间活动国家管理法：立法、监管与执法”（2016）36，《西北大学国际法和商业杂志》法学 1、3 区.

因此，各国有明确的动机监管此类活动③。此外，有些国家不具备将物体发射到外层空间所需的基础设施，或者不是监管外层空间活动的国际文件缔约国，但私营企业可以在任何国家的领土或管辖范围内开展空间活动，这进一步强化了各国监管此类活动的动机④。因此，越来越多的国家已经颁布或正在制定国家空间法规，为私营企业开展空间活动提供必要的监管框架。例如，奥地利、丹麦和新西兰最近通过了国家空间法规⑤。此外，阿拉伯联合酋长国和芬兰正在起草或颁布国家空间法规⑥。英国、美国和澳大利亚也对现有国家空间法规的修订给予了很多关注⑦。各国十分关注国家空间法规，这些法规对监管

---

③ Mireille Couston，“法国”，源自 Karl－Heinz Böckstiegel，Marietta Benkö 与 Stephan Hobe（编）《空间法：基本法律文件》（第 5 卷）（十一国际出版社，2011），1－3 ｜ Paul Dempsey，“商业空间活动国家管理法：立法、监管与执法”（2016）36，《西北大学国际法和商业杂志》法学 1、4 区.

④ Elisabeth Back Impallomeni，“国家空间法发展必要性”，源自 Christian Brünner 与 Edith Walter（编）《国家空间法》（伯劳出版社，2008），30.

⑤ 奥地利空间法国家联络点，“奥地利外层空间法生效”<https：//www. spacelaw. at/austrian－outer－space－act/>2017 年 6 月 7 日访问 ｜ Michael Listner，“丹麦国内空间法综合初探”（《空间评论》，2016 年 5 月 31 日）<http：//www. thespacereview. com/article/2994/1>2017 年 6 月 8 日访问 ｜ 新西兰政府，“外层空间与深空活动法案成为法律”（《独家新闻》，2017 年 7 月 4 日）<http：//www. scoop. co. nz/stories/PA1707/S00052/outer－space－and－high－Altitude－activities－bill－into－law. htm>2017 年 7 月 5 日访问.

⑥ Lucy Barnard，“阿联酋即将完成太空法”（《国家报》，2016 年 3 月 7 日）<http：//www. thenational. ae/business/aviation/uae－to－finalise－space－laws－soon>2017 年 6 月 7 日访问 ｜ 经济事务和就业部，“国家空间立法准备”<http：//tem. fi/en/spacelaw>2017 年 9 月 24 日访问.

⑦ Paul Rincon，“女王演讲：计划旨在保护太空部门”（BBC，2017 年 6 月 21 日）<http：//www. bbc. com/news/science－environment－40354695>2017 年 6 月 23 日访问 ｜ Jeff Foust，“克鲁兹计划新的 NASA 授权与商业发射法案”（太空新闻网，2017 年 3 月 22 日）<http：//spacenews. com/cruz－plans－new－nasa－authorization－and－commercial－launch－bills/>2017 年 6 月 7 日访问 ｜ 澳大利亚工业创新科学部，“1998 年空间活动法案改革”<https：//industry. gov. au/industry/IndustrySectors/space/Pages/Review－of－the－Space－Activities－Act－1998. aspx>2017 年 6 月 7 日访问.

私营企业开展空间活动至关重要。因此，有必要对各国空间法规进行比较分析。本书旨在通过比较分析，详细说明所选定国家在空间法方面的异同，重点关注欧洲综合国家空间法规。本书还旨在介绍其他国家采取的做法，并尽可能阐述这样做的原因，以帮助试图制定或修订空间法规的国家。

1.2 研究方法

本研究共分为三部分。第一部分将讨论促使各国制定国家空间法规的原因，为其余部分构建研究框架。这部分将分析国际空间法与国家空间法之间的联系，重点阐明迫使各国制定国家空间法规的国际义务，并特别论述《外层空间条约》[8] 第六条、第七条和第八条涉及责任、义务和登记的内容，以及《责任公约》[9] 和《登记公约》[10]。尽管有必要详细研究这些国际义务，以便为其余部分提供研究框架，但深入的评估分析不在本研究范围内。本部分将利用权威的二手资料（主要是学术出版物），讨论这些国际义务较为明显的实质。此外，讨论所选定国家的空间法时也会阐明《外层空间条约》第六条、第七条和第八条规定的国际义务，因为各国在制定空间法规时做出的选择往往取决于其对上述国际义务的解释。

---

⑧ 《关于各国探索和利用包括月球和其他天体在内外层空间活动的原则条约》（1966 年 12 月 19 日通过，1967 年 10 月 10 日生效）610 UNTS 205［以下简称：《外层空间条约》］.

⑨ 《空间物体造成损害的国际责任公约》（1972 年 3 月 29 日通过，1972 年 9 月 1 日生效）961 UNTS 187［以下简称：《责任公约》］.

⑩ 《关于登记射入外层空间物体的公约》（1974 年 11 月 12 日通过，1976 年 9 月 15 日生效）1023 UNTS 15［以下简称：《登记公约》］.

第二部分将逐一讨论所选定国家的空间法规。因此，本书将按照颁布时间的先后顺序讨论以下国家的空间法规：瑞典、英国、澳大利亚、中国、比利时、荷兰、法国、奥地利、印度尼西亚、丹麦和新西兰。尽管美国和俄罗斯这两个传统航天国家也拥有空间法规[11]，但这些法规未被纳入本研究中。排除一些国家的法规主要是因为本研究旨在重点论述欧洲综合国家空间法规，并辅以亚太地区国家空间法规分析。美国空间法规以部门为基础，并不是综合性法规，这意味着其空间活动受不同的法案或法规监管。同样，俄罗斯空间法规由狭义的一般法律构成，需要参考许多法律、法令和法规以实现进一步的监管[12]。因此，美国和俄罗斯的空间法规不在本研究的有限范围内。其次，这样才能确保本研究范围不会过于宽泛。尽管挪威是第一个通过《关于将物体从挪威领土等发射到外层空间的法案》颁布国家空间法规的欧洲国家[13]，但该法案非常简短，仅规定了法规的适用范围和空间活动的授权。因此，挪威空间法规不够全面，不属于本研究范围。

本研究在分析各国的空间法规时将采取相同的框架。首先，论述

---

⑪ 关于美国与俄罗斯的法律，请参阅：Irmgard Marboe，“国家空间法”，源自 Frans von der Dunk 与 Fabio Tronchetti（编）《空间法手册》（爱德华·埃尔加出版社，2015），139 - 148 | Joanne Gabrynowicz，“半世纪的纪实：美国国内空间法的演变和三个长期存在的问题”（2010）4,《哈佛法律和政策评论》，405 | Paul Dempsey，“美国太空政策和法律概述”，源自 Ram Jakhu（编）《国家空间活动监管》（施普林格出版社，2010），373 - 404 | Petra Vorwig，“美国私人发射服务监管”，源自 Ram Jakhu（编）《国家空间活动监管》（施普林格出版社，2010），405 - 419 | Sergey Malkov 与 Catherine Doldirina，“俄罗斯联邦空间活动监管”，源自 Ram Jakhu（编）《国家空间活动监管》（施普林格出版社，2010），315 - 333.

⑫ Irmgard Marboe，“国家空间法”，源自 Frans von der Dunk 与 Fabio Tronchetti（编）《空间法手册》（爱德华·埃尔加出版社，2015），145.

⑬ 《关于将物体从挪威领土等发射到外层空间的法案》，第 38 号，自 1969 年 6 月 13 日生效<http：//www. unoosa. org/oosa/en/ourwork/spacelaw/nationalspacelaw/norway/act_ 38_ 1969E. html>2017 年 11 月 1 日访问.

促使各国制定空间法规的具体原因。其次，讨论这些法规的适用范围。最后，重点分析这些法规的主要内容，包括授权、保险、追索与责任、登记、环境保护和执行等。此外，本研究还将讨论卢森堡空间法规，以便提供一种可选方案，用于制定针对某一特定活动而非提供全面监管框架的国家空间法规。近年来，人们对开采空间资源的兴趣有所提高，因此，本研究有必要纳入卢森堡法律。这部分的主要内容是详细研究一手资料，即各国颁布的法案、法令和命令。一手资料的相关解释性备忘录将用于阐明这些规定并解释其背后的原因。如果一手资料对法规的解释不够清楚，将使用学术出版物作为辅助手段。

本研究将基于上述分析，对所选定国家的空间法规进行比较分析，按照主要内容逐一确定各国在监管私营企业开展的空间活动方面所采取措施的异同，即按照分析各国空间法规时确定的主要内容分别进行讨论和比较。此处的比较分析主要采用单独分析，但在必要时也会利用文章、出版物或评论等二手资料。比较分析中还将讨论各国在制定空间法规时做出的选择。本研究的目的不是就各国在空间法规方面应采取的方法提出具体建议，而是确定各国在空间法规中采取的哪些方法较为模糊或有问题，可能会在遵守国际义务方面产生不确定性或留下空白。

第 2 章　制定国家空间法规的原因

国际空间法的主体首先包含五项联合国空间条约[①]，除了前文提到的《外层空间条约》《登记公约》和《责任公约》之外，还有《营救协定》[②] 和《月球协定》[③]。此外，还有一些不具有法律约束力的联合国决议和软法律，详细阐述或解释了这五项联合国空间条约中的原则和义务[④]。与国家空间法规最相关的联合国决议有 2004 年《关于“发射国”概念的决议》[⑤]、2007 年决议《关于加强国家和国际政府间组织登记空间物体的做法的建议》[⑥]、2007 年和平利用外层空间委员会

---

① Frans von der Dunk，“国际空间法”，源自 Frans von der Dunk 与 Fabio Tronchetti（编）《空间法手册》（爱德华·埃尔加出版社，2015），43 | Alexander Soucek，“国际法”，源自 Christian Brünner 与 Alexander Soucek（编）《社会、政治与法律中的外层空间》（施普林格维也纳纽约出版社，2011），332.

② 《关于营救宇航员、送回宇航员和归还发射到外空的实体的协定》（1968 年 4 月 22 日通过，1968 年 12 月 3 日生效）672 UNTS 119［以下简称：《营救协定》］.

③ 《关于各国在月球和其他天体上活动的协定》（1979 年 12 月 5 日通过，1984 年 7 月 11 日生效）1363 UNTS 21［以下简称：《月球协定》］.

④ Frans von der Dunk，“国际空间法”，源自 Frans von der Dunk 与 Fabio Tronchetti（编）《空间法手册》（爱德华·埃尔加出版社，2015），41 - 42 | Stephan Hobe，“历史背景”，源自 Stephan Hobe、Bernhard Schmidt - Tedd、Kai - Uwe Schrogl（主编）与 Gérardine Goh（副主编）《科隆空间法评注》（第 1 卷）（卡尔·海曼斯出版社，2009），16 - 17.

⑤ 联合国大会，《“发射国”概念的应用》（2004），联合国文件 A/RES/59/115［以下简称：《关于“发射国”概念的决议》］.

⑥ 联合国大会，《关于加强国家和国际政府间组织登记空间物体的做法的建议》（2007），联合国文件 A/RES/62/101［以下简称：《关于加强登记的决议》］.

《空间碎片减缓准则》[7] 以及 2013 年决议《关于与和平探索和利用外层空间相关的国家立法的建议》[8]，这些决议解释了国际空间法中与国家空间法规相关的原则和规定。其中关于国家立法的决议尤为重要，因为该决议推荐了一些应纳入国家空间法规的条款，有助于国家“履行国际法和联合国外层空间条约明确规定的义务”[9]。与国家空间法规相关的另一个文件是国际法协会的《国家空间立法示范法索菲亚模本》[10]。《关于国家立法的决议》和《索菲亚模本》都针对国家空间法规的监管事项提出了建议。这些建议源自联合国空间条约和联合国决议中规定的国际空间法义务，要求监管内容包含以下几个方面：

- 制定法规的适用范围，详细说明法规适用于何种空间活动，适用于何人以及在地理上适用于何处；
- 规范空间活动的授权，包括给予、更改或撤销此类授权的条件，以及空间物体所有权的转让；
- 持续监督私营企业开展的空间活动；
- 保护环境，包括减缓空间碎片；
- 在国家登记处登记空间物体，并在国际登记处向联合国秘书长

---

⑦　联合国和平利用外层空间委员会，《和平利用外层空间委员会空间碎片减缓准则》（2007），联合国文件 A/62/20，联合国大会，《和平利用外层空间国际合作》（2007），联合国文件 A/RES/62/2017 [以下简称：《空间碎片减缓准则》].

⑧　联合国大会，《关于与和平探索和利用外层空间相关的国家立法的建议》（2013），联合国文件 A/RES/68/74 [以下简称：《关于国家立法的决议》].

⑨　《关于国家立法的决议》，引言 | Tare Brisibe，“引言段”，源自 Stephan Hobe、Bernhard Schmidt - Tedd、Kai - Uwe Schrogl（主编）与 Peter Stubbe（副主编）《科隆空间法评注》（第 3 卷）（卡尔·海曼斯出版社，2015），549 - 550.

⑩　国际法协会，《空间法》（2012）6 号决议/2012，附件《国家空间立法示范法索菲亚模本》[以下简称：《索菲亚模本》] | Irmgard Marboe，“国家空间法”，源自 Frans von der Dunk 与 Fabio Tronchetti（编）《空间法手册》（爱德华·埃尔加出版社，2015），181 - 184.

提供相关信息；

•建立追索机制，以便在私营企业的空间物体造成损害并导致国家承担国际责任时，国家可以向该私营企业寻求追索；

•通过制定保险要求对私营企业空间物体造成的损害进行适当承保；

•建立执行机制，以确保法规要求和条件得到遵守。

各国通常希望制定国家法规，以便以最合适的方式规范空间活动，激励或阻止某些行为，并维护本国利益和公民的权利。例如，制定竞争性的法律框架，增加私营企业在颁布该法规的国家领土上开展活动的机会[11]。制定竞争性的法规或许可以发展或加强该国的商业航天经济，从而增加航天领域甚至其他领域的就业和创新。

尽管这些原因也可以作为制定国家空间法规的动机[12]，但制定这些法规的主要动机是各国需要遵守其应承担的国际义务[13]。不过，其中一些义务，例如《外层空间条约》第二条规定的不得占用（一部分）外层空间的义务或《外层空间条约》第九条规定的避免外层空间受到有害污染的义务，均为实质性义务。虽然各国需要确保由其负责

---

⑪ Dimitri Lindern，“国家太空立法对私人太空事业的影响：监管竞争与协调”（2016）8，《科学政策与治理杂志》<http：//www. sciencepolicyjournal. org/uploads/5/4/3/4/5434385/linden_ nationalspacelegislation. pdf>2017年10月2日访问，6.

⑫ Irmgard Marboe，“国家空间立法”，源自 Christian Brünner 与 Alexander Soucek（编）《社会、政治与法律中的外层空间》（施普林格维也纳纽约出版社，2011），440.

⑬ 《关于空间物体的发射、飞行作业或制导活动的草案》，比利时众议院，2005年2月14日，51 1607/001文件，比利时，5 | 《关于空间活动和建立空间物体登记处规则的法案解释性备忘录（空间活动法案）》，荷兰，6－7| 《关于授权空间活动和建立国家空间登记处的奥地利联邦法律的解释性备忘录》，2011年12月6日，《奥地利外层空间法》附录，奥地利，《总则》，6 | 《外层空间活动法提案》，L128号法案，丹麦议会2015—2016，2016年2月24日由丹麦教育和研究部长提出，5.

的私营企业在开展空间活动时遵守这些义务，但实质性义务并不是各国制定空间法规的直接原因。相反，促使各国制定空间法规的主要义务是《外层空间条约》第六条、第七条和第八条，以及《责任公约》和《登记公约》中对这些条款的详尽阐述。

与实质性义务不同，《外层空间条约》第六条、第七条和第八条规定了国家在私营企业开展的空间活动方面的具体义务，确立了国家与这些活动之间的直接关系。

尽管《外层空间条约》已获得 105 个国家批准，25 个国家签署[14]，但仍有一些国家尚未批准该条约。尽管如此，这些国家仍然有强烈的动机制定国家空间法规。首先，私营企业可以在不具备发射能力的国家领土上开展活动[15]。例如，在卫星进入轨道后转移对卫星的控制权，或者为其空间物体购买从另一个国家的领土上发射的机会。因此，尽管有些国家可能认为批准联合国空间条约是多此一举，因为过去的空间活动不太可能在这些国家的管辖范围内进行，但现在空间活动可以而且越来越可能在其管辖范围内进行。

其次，《外层空间条约》所包含的原则已被视为习惯国际法准则，

---

⑭　联合国和平利用外层空间委员会法律小组委员会，《截至 2017 年 1 月 1 日与外层空间活动有关的国际协定的现状》（2017），联合国文件 A/AC. 105/C. 2/2017/CRP. 7，12.

⑮　Elisabeth Back Impallomeni，“国家空间法发展必要性”，源自 Christian Brünner 与 Edith Walter（编）《国家空间法》（伯劳出版社，2008），30.

有些原则在该条约通过之前就已存在[16]。事实上，上述义务也体现在各国探索和利用外层空间活动的《法律原则宣言》第五条、第七条和第八条原则中[17]。虽然《法律原则宣言》是联合国大会决议，原则上不具有法律约束力，但其中所包含的原则仍被视为具有法律约束力的习惯国际法准则[18]。因此，即使一国因尚未批准或已退出《外层空间条约》而不适用于该条约，但该国仍受《外层空间条约》和《法律原则宣言》所体现的习惯国际法的约束。由此可知，尚未批准《外层空间条约》的国家对私营企业开展的空间活动仍负有责任，需要对这些活动进行授权和持续监督。如果该国是发射国，并且登记了空间物体，还需要对这些空间活动造成的损害负有国际责任。所以，即使一个国家尚未批准《外层空间条约》，但由于负有国际义务，该国仍需要制定国家空间法规。

---

⑯ 何其志，“透视外层空间条约”（1997）25，《空间法杂志》，93，97 | Francis Lyall 与 Paul Larsen，《空间法：论述》（阿什盖特出版公司，2009），80 | Vladimir Kopal，“联合国原则宣言在空间法逐步发展中的作用”，源自 Francis Lyall 与 Paul Larsen（编）《空间法》（阿什盖特出版公司，2007），97 | Fabio Tronchetti，“软法”，源自 Christian Brünner 与 Alexander Soucek（编）《社会、政治与法律中的外层空间》（施普林格维也纳纽约出版社，2011），619 | Andrei Terekhov，“联合国大会决议和外层空间法”，源自 Francis Lyall 与 Paul Larsen（编）《空间法》（阿什盖特出版公司，2007），109 | Armel Kerrest 与 Lesley Jane - Smith，“第七条”，源自 Stephan Hobe、Bernhard Schmidt - Tedd、Kai - Uwe Schrogl（主编）和 Gérardine Goh（副主编）《科隆空间法评注》（第 1 卷）（卡尔·海曼斯出版社，2009），135.

⑰ 联合国大会，《关于与和平探索和利用外层空间相关的法律原则宣言》（1963），联合国文件 A/RES/18/1962［以下简称：《法律原则宣言》］.

⑱ Imre Csabafi，《国际空间法中国家管辖权的概念》（施普林格出版社，1971），103 - 104.

2.1　国际责任、授权和监督

促使各国制定国家空间法规的首要条款是《外层空间条约》第六条，该条规定：

各缔约国应对其政府机构或非政府实体在外层空间（包括月球和其他天体）开展的活动承担国际责任，并确保本国活动符合本条约的规定。非政府实体在外层空间（包括月球和其他天体）开展活动时，应由相关条约缔约国批准和持续监督。国际组织在外层空间（包括月球和其他天体）开展活动时，应由该国际组织和参加该国际组织的条约缔约国共同确保活动符合本条约规定。

因此，各国对私营企业开展的活动负有责任，需要确保这些活动符合《外层空间条约》的规定，并且需要授权和持续监督由国家负责、由私营企业开展的活动[19]。《外层空间条约》第六条不仅确立了国家与私营企业之间的直接关系，还为制定国家空间法规提供了强烈的动机。这种动机在于，国家对私营企业违反国际法的活动负有国际责任[20]，因此，各国希望对其负责的私营企业开展的空间活动加强监管。

---

⑲　Michael Gerhard，“第六条”，源自 Stephan Hobe、Bernhard Schmidt-Tedd、Kai-Uwe Schrogl（主编）和 Gérardine Goh（副主编）《科隆空间法评注》（第 1 卷）（卡尔·海曼斯出版社，2009），107 与 117 | Tanja Masson-Zwaan，“《外层空间条约》第六条和私人进入太空”，源自 Corinne M. Contant Jorgensen（编）《2008 年国际空间法学会会刊》（美国航空航天学会，2009），537 | Ricky Lee，《外层空间矿物商业采矿的法律和法规》（施普林格出版社，2012），153 | Hanneke L van Traa-Engelman，《外层空间的商业利用》（马蒂努斯·奈霍夫出版公司，1993），22.

⑳　Frans von der Dunk，《欧洲“太空景观”中的私营企业和公共利益》（国际航空航天法研究所，1998），18 | 程斌，“1967 年《外层空间条约》第六条的重新审视：‘国际责任’‘国家活动’与‘适当的国家’”（1998）26，《空间法杂志》7、15.

国家对私营企业的国际责任甚至迫使国家必须制定国家空间法规。虽然国家可以通过其他方式保证履行授权、持续监督和保障自身利益的责任和义务，但国家空间法规是履行这些义务的公认方法。

然而，哪个国家应该对哪项活动负责仍是个问题。原则上，通常一致认为，拥有且能够对某项活动行使管辖权的国家应当承担国际责任[21]。《外层空间条约》的准备材料和国家实践活动都表明，拥有管辖权的国家根据属地和/或属人管辖权而确定[22]。不过，从比较分析中可以看出，各国对空间活动管辖权的延伸程度各不相同。

除确立各国的国际责任外，《外层空间条约》第六条还明确规定，私营企业开展的空间活动需要得到相应国家的授权和持续监督[23]。《外层空间条约》第六条只要求相关活动需要符合《外层空间条约》的规定，除此之外并未对授权提出任何实质性要求，同样也没有对各项活动的持续监督提出实质性要求。尽管各国仍然有义务授权和持续监督，

㉑ Michael Gerhard，“第六条”，源自 Stephan Hobe、Bernhard Schmidt - Tedd、Kai - Uwe Schrogl（主编）和 Gérardine Goh（副主编）《科隆空间法评注》（第 1 卷）（卡尔·海曼斯出版社，2009），112 | 程斌，“1967 年《外层太空条约》第六条的重新审视：‘国际责任’，‘国家活动’与‘适当的国家’”（1998）26，《空间法杂志》7、23 | Frans von der Dunk，“国际空间法”，源自 Frans von der Dunk 与 Fabio Tronchetti（编）《空间法手册》（爱德华·埃尔加出版社，2015），54 | Julian Hermida，《国家空间立法法律基础》（克吕韦尔学术出版社，2004），9.

㉒ Michael Gerhard，“第六条”，源自 Stephan Hobe、Bernhard Schmidt - Tedd、Kai - Uwe Schrogl（主编）和 Gérardine Goh（副主编）《科隆空间法评注》（第 1 卷）（卡尔·海曼斯出版社 2009），113 - 114.

㉓ Ricky Lee，“《外层空间条约》第六条产生的责任：国家、国内法和私营运营商”（2005）《第 48 届外层空间法座谈会论文集》，216、218.

但缺乏实质性要求通常是各国制定国家空间法规的原因㉔。

2.2　国际赔偿责任

尽管各国制定国家空间法规的主要原因是《外层空间条约》第六条，特别是授权非政府实体开展活动的义务，《外层空间条约》第七条也提供了强烈的动机㉕。《外层空间条约》第七条规定：

凡通过发射或采购发射将物体送往外层空间（包括月球和其他天体），以及为发射物体提供场地或设施的各缔约国，在国际上有责任赔偿此类发射物体及构件，在地球、空中、外层空间（包括月球和其他天体）对另一缔约国或其自然人或法人造成的损害。

因此，空间物体的"发射国"，即通过发射或采购发射将物体送往外层空间，或从其领土或设施发射物体的国家，对该空间物体造成的损害负有国际责任。这一责任也适用于私营企业开展的空间活动㉖。

㉔ Michael Gerhard，"第六条"，源自 Stephan Hobe、Bernhard Schmidt - Tedd、Kai - Uwe Schrogl（主编）和 Gérardine Goh（副主编）《科隆空间法评注》（第 1 卷）（卡尔·海曼斯出版社，2009），119 | Paul Dempsey，"商业空间活动国家管理法：立法、监管与执法"（2016）36，《西北大学国际法和商业杂志》1、14 | Michael Gerhard，"国家空间法最新技术和最新发展"，源自 Christian Brünner 与 Edith Walter（编）《国家空间法》（伯劳出版社，2008），61.

㉕ Armel Kerrest 与 Lesley Jane - Smith，"第七条"，源自 Stephan Hobe、Bernhard Schmidt - Tedd、Kai - Uwe Schrogl（主编）和 Gérardine Goh（副主编）《科隆空间法评注》（第 1 卷）（卡尔·海曼斯出版社，2009），144 | Irmgard Marboe，"国家空间法"，源自 Frans von der Dunk 与 Fabio Tronchetti（编）《空间法手册》（爱德华·埃尔加出版社，2015），137.

㉖ Armel Kerrest 与 Lesley Jane - Smith，"第七条"，源自 Stephan Hobe、Bernhard Schmidt - Tedd、Kai - Uwe Schrogl（主编）和 Gérardine Goh（副主编）《科隆空间法评注》（第 1 卷）（卡尔·海曼斯出版社，2009），135.

《责任公约》包含更为详细和具体的规定，进一步明确了国家的国际责任[27]。例如，《责任公约》第二条规定，国家对其空间物体给地球或飞行中的飞机造成的损害负有绝对责任。而《责任公约》第三条规定，对于空间物体在外层空间造成的损害，只有当国家存在过失时，才负有责任。重要的是，根据“发射国”的定义，同一空间物体可能会有多个发射国[28]。在这种情况下，根据《责任公约》第五条规定，所有符合“发射国”条件的国家都将对空间物体造成的损害承担连带责任。然而，归根结底，各国仍有可能因私营企业在空间活动中使用的空间物体所造成的损害，不得不向其他国家或其自然人或法人支付赔偿。因此，为了防止或尽量减少不得不赔偿此类损害的风险，各国自然会试图管制这些活动。此外，各国希望通过纳入追索权，确保国家从空间物体造成损害的私营企业那里得到补偿，以防止支付过多的赔偿[29]。

但需要注意的是，“发射国”的定义范围存在不同的解释，尤其是当私营企业在境外采购发射时，是否可以将自然人或法人所在的国籍国指定为“发射国”。一些人认为，私营企业的发射不能算作该国的发射或采购发射，而另一些人则认为，根据《关于“发射国”概念的决议》《关于加强登记的决议》和《登记公约》的规定，应当指定

㉗ Lesley - Jane Smith 与 Armel Kerrest，“历史背景与脉络委员会”，源自 Stephan Hobe、Bernhard Schmidt - Tedd、Kai - Uwe Schrogl（主编）和 Gérardine Goh（副主编）《科隆空间法评注》（第 2 卷）（卡尔·海曼斯出版社，2013），98.

㉘ Armel Kerrest de Rozavel 与 Frans von der Dunk，“国家授权背景下的责任和保险”，源自 Frans von der Dunk（编）《欧洲国家空间立法》（马蒂努斯·奈霍夫出版公司，2011），126 | 程斌，《国际空间法研究》（克拉伦登大学出版社，1997），613.

㉙ Irmgard Marboe，“国家空间立法”，源自 Christian Brünner 与 Alexander Soucek（编）《社会、政治与法律中的外层空间》（施普林格维也纳纽约出版社，2011），443.

该国为“发射国”[30]。尽管这一争论尚未得到明确解决，但《外层空间条约》第七条仍然促使各国制定国家空间法规，至少确保能够在因私营企业开展的空间活动而负有赔偿责任时向私营企业寻求补偿。

2.3　管辖、控制和登记

《外层空间条约》第八条是最后一项确立国家与私营企业开展的空间活动之间直接关系的条款，其中规定：

凡登记发射物体至外层空间的缔约国，应对外层空间或天体及其所载人员保留管辖和控制权。发射至外层空间（包括在天体上着陆或建造）的物体及其构件的所有权，与该物体是位于外层空间或天体，还是返回地球无关。若此类物体或其构件在其所登记的缔约国境外寻获，应送还该缔约国。如有请求，在送还物体前，应先提供证明资料。

这项条款具有双重重要性。首先，该条款规定发射到外层空间的物体应予以登记。《登记公约》详细阐述了这项义务，其中第一条第 c 款中规定登记国为“发射国”。此定义与《外层空间条约》第七条都具有不确定性，特别是在采购发射方面。同样，国际空间法条款的相关解释表明，采购空间物体发射的私营企业所在国家属于“发射

---

[30] Armel Kerrest 与 Lesley Jane - Smith，“第七条”，源自 Stephan Hobe、Bernhard Schmidt - Tedd、Kai - Uwe Schrogl（主编）和 Gérardine Goh（副主编）《科隆空间法评注》（第 1 卷）（卡尔·海曼斯出版社，2009），137 - 138 | Michael Gerhard，“第六条”，源自 Stephan Hobe、Bernhard Schmidt - Tedd、Kai - Uwe Schrogl（主编）和 Gérardine Goh（副主编）《科隆空间法评注》（第 1 卷）（卡尔·海曼斯出版社，2009），115 - 116.

国”[31]。

由于“发射国”概念允许多个国家均为发射国，《登记公约》第二条第二款规定，空间物体的发射国应共同确定由哪个国家对该物体进行登记。《登记公约》第二条第一款还规定了国家的登记义务，第四条规定了向联合国秘书长提供所需信息的义务。虽然《登记公约》没有确定需要在国家登记处登记哪些信息，但确定了需要向联合国秘书长提供哪些信息。第四条第一款规定，登记国至少必须提供以下信息：发射国名称；空间物体的相应标志或登记号码；发射日期和地域或地点；基本轨道参数，包括交点周期、倾角、远地点和近地点；以及空间物体的一般功能。由“发射国”登记空间物体和向联合国秘书长提供信息这两项义务，促使各国制定空间法规，以遵守这些义务[32]。

其次，该条款规定登记国拥有空间物体的管辖权和控制权。由于空间物体归登记国管辖，因此，根据《外层空间条约》第六条该国是承担国际责任的国家。

2.4 小结

各国在私营企业开展的空间活动方面承担的这些直接义务，为制

㉛ Bernhard Schmidt - Tedd 与 Stephan Mick，“第八条”，源自 Stephan Hobe、Bernhard Schmidt - Tedd、Kai - Uwe Schrogl（主编）和 Gérardine Goh（副主编）《科隆空间法评注》（第 1 卷）（卡尔·海曼斯出版社，2009），152 - 153.

㉜ Bernhard Schmidt - Tedd 与 Stephan Mick，“第八条”，源自 Stephan Hobe、Bernhard Schmidt - Tedd、Kai - Uwe Schrogl（主编）和 Gérardine Goh（副主编）《科隆空间法评注》（第 1 卷）（卡尔·海曼斯出版社，2009），165 | Irmgard Marboe，“国家空间立法”，源自 Christian Brünner 与 Alexander Soucek（编）《社会、政治与法律中的外层空间》（施普林格维也纳纽约出版社，2011），442 - 443.

定国家空间法规提供了明确的动机。各国可以通过国家空间法规，确保遵守国际义务、保障自身利益，并控制与空间活动相关的风险。然而，正如“发射国”的定义所表明的那样，各国将采用不同的方法遵守国际义务。事实上，《关于国家立法的决议》指出，“各国已根据具体需要和实际考虑调整了法律框架，其法律要求在很大程度上取决于开展的空间活动的范围和非政府实体的参与程度。”[33] 因此，本报告将讨论所选定国家的法律框架，重点论述各国框架之间的异同。

---

[33] 《关于国家立法的决议》，引言 Ⅰ Tare Brisibe，“引言段”，源自 Stephan Hobe、Bernhard Schmidt - Tedd、Kai - Uwe Schrogl（主编）与 Peter Stubbe（副主编）《科隆空间法评注》（第 3 卷）（卡尔·海曼斯出版社，2015），555.

第 3 章　国家空间立法

本章将根据各国主要法律首次通过日期的时间顺序，分 11 个小节依次讨论以下各国国家空间立法：瑞典、英国、澳大利亚、中国、比利时、荷兰、法国、奥地利、印度尼西亚、丹麦和新西兰。对各国的分析都将遵循相同的模式。首先，将讨论各国通过国家空间立法决定的宗旨和政策。虽然国家空间立法的主要宗旨与第 2 章所述的基本宗旨一致，但本章将针对各国展开讨论。这是为了强调更特殊的考虑因素，并对各国空间立法作出更完整、更准确的阐述。其次，将确定立法的适用范围，包括立法的属地、属事和属人，即从地理位置、活动类型以及活动主体视角阐述立法适用于哪些活动。最后，将确定立法的内容，主要讨论许可、保险、追索与责任、登记、环境保护以及执法的规定，这是因为各地区有不同的法律规定。

此外，部分国家立法还对其他事项作出了规定，例如，发生意外事件时需要采取的措施和义务，以及归还在本国属地或管辖区域内返回地球的他国空间物体。这些事项也将分别在各国基础上加以考虑。本章将不再对程序、行政和技术要求作详细讨论。程序和行政要求针对的是具体国家，并不涉及空间法本身，而技术要求则可能过于全面而具体。

3.1　瑞典：1982 年《瑞典空间活动法》

3.1.1　基本依据

瑞典于 1982 年颁布了《瑞典空间活动法》[①]。根据其草案备忘录所述[②]，瑞典政府颁布该法的主要目的在于履行《国际空间法规汇编》所规定的义务[③]。此外，当时大量卫星的发射规划与技术发展也使立法成为必要举措[④]。瑞典政府认为，由于电信需求的增加以及发射器有效载荷空间的商业化，瑞典的私人实体很大可能在不久的将来开始进行空间活动[⑤]。同时，尽管瑞典空间研究中心归国家所有，主要负责管理政府空间活动，但是归根结底，研究中心仍可作为独立法人进行空间活动。例如，维京（Viking）卫星的发射便不受瑞典政府的完全控制[⑥]。

---

① 1982 年 11 月 18 日关于空间活动的法案，SFS1982：963，瑞典［以下简称：《瑞典空间活动法》］.

② 《关于空间活动法的政府草案》，1982 年 4 月 29 日通过，提案 1981/82：226，瑞典［以下简称：《瑞典空间活动草案》］.

③ 《瑞典空间活动草案》，4 ｜ Frans von der Dunk，“国家空间法和政策的当前及未来发展”，源自联合国/巴西空间法研讨会会议记录：传播和发展国际与国家空间法：拉丁美洲和加勒比的前景（联合国 2005）<http://www.unoosa.org/res/oosadoc/data/documents/2005/stspace/stspace28_0_html/st_space_28E.pdf>2017 年 6 月 30 日访问，42 ｜ Niklas Hedman，“部分国家的国家空间法”，源自 Christian Brünner 与 Edith Walter（编）《国家空间法》（伯劳出版社，2008），74 ｜ 瑞典已签署并批准了《外层空间条约》《营救协定》《责任公约》和《登记公约》，参见：联合国和平利用外层空间委员会法律小组委员会，《截至 2017 年 1 月 1 日与外层空间活动有关的国际协定的现状》（2017），联合国文件 A/AC.105/C.2/2017/CRP.7，10.

④ 《瑞典空间活动草案》，4、7、8.

⑤ 《瑞典空间活动草案》，8.

⑥ 《瑞典空间活动草案》，8.

自《瑞典空间活动法》颁布以来，瑞典的技术和法律都有了长足的发展。因此，建议对该法进行进一步修订的提议屡见不鲜[7]。修订的具体原因是雅思兰吉空间中心（Esrange Space Centre）相关活动的不断发展[8]。此外，其他原因也包括卫星、太空旅游以及国际行为准则和减少太空碎片等其他法规发展等考虑因素[9]。修订的目的在于确定修订能否进一步阐明该法内容，从而鼓励对瑞典亚轨道空间活动等的私人投资[10]。然而，目前议会仍未提交相关修订草案。

3.1.2 适用范围

《瑞典空间活动法》的属事管辖延伸至外层空间的所有活动[11]。然而，该法没有对“外层空间”一词进行定义，这是因为国际上不存在外层空间界限的相关协议，对外层空间的界定一直存在争议[12]。但是，该法规定了空间活动的类型范畴。首先，该法规定，完全在外层空间进行的活动、物体发射以及通过其他方式控制或影响已发射外层空间物体的所有行为都被视为空间活动[13]。同时，根据《外层空间条约》，将空间物体送入其他天体轨道也属于空间活动[14]。其次，该法不适用于接收外层空间物体信号或信息，或发射探测火箭[15]。这是因为瑞典

---

⑦ 《政府办公、效益与增长的空间战略》（SOU2015：75），122.
⑧ 《政府办公、效益与增长的空间战略》（SOU2015：75），122.
⑨ 《政府办公、效益与增长的空间战略》（SOU2015：75），122、123.
⑩ 《政府办公、效益与增长的空间战略》（SOU2015：75），123.
⑪ 《瑞典空间活动法》，第1（1）节.
⑫ 《瑞典空间活动草案》，10.
⑬ 《瑞典空间活动法》，第1（1）节、第1（2）节.
⑭ 《瑞典空间活动草案》，9.
⑮ 《瑞典空间活动法》，第1（3）节.

政府规定，前者仅从事信息接收，而后者在国际上并未归为空间活动⑯。虽然该法没有明确表示，但制造空间物体部件或空间活动设备显然不属于空间活动⑰。

就《瑞典空间活动法》的属地和属人而言，其适用范围包括除瑞典政府外其他实体在瑞典领土内的空间活动，以及瑞典自然人或法人在瑞典领土外的空间活动⑱。该范围设定是基于瑞典政府无权对外国法人实体的活动行使管辖而设立的，而外国法人实体的活动应由依法成立该法人实体的国家以及实际开展活动的国家予以管辖⑲。根据《外层空间条约》第六条规定，瑞典政府决定将该法的适用范围延伸至在瑞典境外开展空间活动的瑞典国民。这是由于条约第六条规定，将国家的国际责任仅限于监管其领土内的空间活动，将违反条约的精神、目标和宗旨⑳。而且，私人实体或可通过在国家管辖地区外从事空间活动来规避管制㉑。因此，瑞典政府同时行使属地和属人管辖权，以履行条约第六条义务。简言之，根据《外层空间条约》第六条，瑞典空间活动包括在瑞典境内的空间活动和/或自然人或法人在瑞典境外的空间活动。

---

⑯ 《瑞典空间活动草案》，9.

⑰ 《瑞典空间活动草案》，10.

⑱ 《瑞典空间活动法》，第 2 节.

⑲ 《瑞典空间活动草案》，9、10.

⑳ 《瑞典空间活动草案》，7.

㉑ 《瑞典空间活动草案》，7.

3.1.3 立法主要内容

3.1.3.1 许可

《外层空间条约》要求私人实体在外层空间的活动必须经过相应国家的授权。瑞典选择以许可制度进行授权。根据该制度，除非事先获得许可，否则任何私人实体不得从事空间活动㉒。颁发许可的权力属于瑞典政府㉓。这是因为，从外交政策视角看，此类许可很重要㉔。此外，由于未来短期内申请的数量估计相对较少，因此无须委托申请许可㉕。根据《瑞典空间活动法》，在正常情况下，许可申请应首先提交给瑞典国家航天局㉖，再由航天局咨询瑞典邮政和电信管理局或受申请影响的其他政府部门或行政机关，最终将结果同航天局声明一起提交给政府㉗。

为履行《外层空间条约》第六条规定的国际责任㉘，许可可以根据每个案例的情况加以限制或规定控制活动的条件等㉙。《瑞典空间活动法》和《瑞典空间活动法令》都没有规定可以对许可证施加限制或条件类型。然而，这些限制必须恰当，并符合许可规定条件。例如，

㉒ 《瑞典空间活动法》，第 2 节.

㉓ 《瑞典空间活动法》，第 3（1）节.

㉔ 《瑞典空间活动草案》，10.

㉕ 《瑞典空间活动草案》，10.

㉖ 1982 年 11 月 25 日关于空间活动的法令，SFS1982：1069，瑞典，第 1 节［以下简称：《瑞典空间活动法令》］.

㉗ 《瑞典空间活动法令》，第 1 节.

㉘ 《瑞典空间活动草案》，11.

㉙ 《瑞典空间活动法》，第 3（2）节.

可以限制活动的类型和活动的持续时间[30]。为了确定相关限制和条件，许可申请必须准确描述预期的活动[31]。因此，限制和条件需根据具体情况制定。

如违反许可规定条件或有特殊原因，可以对许可进行撤销[32]。与颁发许可类似，撤销许可的权力归于政府[33]。由于对许可证持有人有重大影响，撤销许可需要有重大理由[34]。导致撤销许可的情况取决于许可规定条件[35]。没有明确规定何为“特殊原因”，但可能是在活动未与一般义务或条件冲突的情况下，对瑞典构成不必要风险的项目[36]。考虑是否撤销许可需要进行深思熟虑[37]，许可可以被暂时撤销，但同时应对撤销作出最终决定[38]。

3.1.3.2　保险

《瑞典空间活动法》未对保险问题单独加以规定。但活动许可的条件之一就是为空间活动中使用的空间物体所造成的损害进行投保。此外，由于瑞典政府对私人实体的追索权已列入该法，私人实体在面对外层空间极其危险的环境时应产生强烈的投保意愿。然而事实上，私人实体似乎没有采取类似行动[39]。

---

[30] 《瑞典空间活动草案》，11&15.

[31] 《瑞典空间活动草案》，15.

[32] 《瑞典空间活动法》，第 4（1）节.

[33] 《瑞典空间活动法》，第 4（2）节.

[34] 《瑞典空间活动草案》，11.

[35] 《瑞典空间活动草案》，11.

[36] 《瑞典空间活动草案》，11.

[37] 《瑞典空间活动草案》，16.

[38] 《瑞典空间活动法》，第 4（2）节.

[39] Niklas Hedman，“瑞典空间活动立法”，源自 Christian Brünner 与 Edith Walter（编）《国家空间法》（伯劳出版社，2008），77.

3.1.3.3 追索与责任

瑞典政府宣称可以为私人实体空间物体所造成的损害承担国际责任[40]，并规定允许政府为此类损害支付的赔偿金进行追索[41]。因此，《瑞典空间活动法》赋予了政府对使其承担国际空间法责任的私人实体的追索权[42]。该法并未对政府可追索的赔偿金额加以明确限制。因此，政府支付的全部赔偿金额即为可追回的赔偿金额。由于国际空间法明确规定了损害地球或飞行中的航空器等情况的绝对赔偿责任，因此，对政府进行赔偿的义务并非以私人实体的过失为准[43]。综上所述，具备赔偿政府的经济能力可以作为获批许可的限制或条件之一。因此，私人实体有必要购买保险或提供财务担保或证券。尽管该法没有进一步对条件加以阐述，但规定了在特定理由反对追索权时应用追索权的例外情况[44]。这些特定理由可能合理减少或消除还款义务[45]。但是，该法没有举例说明可能导致减少或消除赔偿义务的具体原因。

3.1.3.4 登记

《瑞典空间活动法》不涉及登记已发射的外层空间物体的义务，而《瑞典空间活动法令》授权瑞典国家航天局根据《登记公约》第一条对从瑞典发射的空间物体作国内登记[46]。登记的内容与《登记公约》第四条需要向联合国秘书长提供的资料几乎相同。换言之，登记应包

---

[40] 《瑞典空间活动草案》，12、13.
[41] 《瑞典空间活动草案》，13.
[42] 《瑞典空间活动法》，第 6 节.
[43] 《瑞典空间活动草案》，13.
[44] 《瑞典空间活动法》，第 6 节.
[45] 《瑞典空间活动草案》，13.
[46] 《瑞典空间活动法令》，第 4 节.

括空间物体的名称或登记号，发射的日期和属地或地点，交点周期、倾角、远地点和近地点等基本轨道参数以及空间物体的主要用途。如果除瑞典外的其他国家也是发射国，则只有在各国达成协议的情况下，在瑞典登记空间物体[47]。此外，航天局应通过外交部向联合国秘书长提供国际登记所需的资料[48]。

3.1.3.5　法律执行

监督被许可人空间活动的权力由瑞典政府指定的机构执行[49]，即由瑞典国家航天局执行[50]。虽然《瑞典空间活动法》或《瑞典空间活动法令》中没有对监督进行具体规定，但两者均规定，监督要求被许可人有义务持续提供其设施的信息以及检查情况[51]。此外，《瑞典空间活动法》还规定了在未经必要授权而故意或过失进行空间活动时的执法措施[52]。同样，对于故意或因过失未能遵守许可先决条件的被许可人，可以通过罚款或监禁等形式处以制裁[53]。根据该法的使用范围，执法措施扩大到在瑞典境外违反该法的所有人[54]。

---

[47] 《瑞典空间活动法令》，第 4 节.
[48] 《瑞典空间活动法令》，第 4 节.
[49] 《瑞典空间活动法》，第 3（2）节.
[50] 《瑞典空间活动法令》，第 2 节.
[51] 《瑞典空间活动草案》，15.
[52] 《瑞典空间活动法》，第 5（1）节.
[53] 《瑞典空间活动法》，第 5（1）节.
[54] 《瑞典空间活动法》，第 5（2）节.

3.2 英国：1986年《英国外层空间法》

3.2.1 基本依据

大不列颠及北爱尔兰联合王国（以下简称英国）于1986年颁布其国家空间法《英国外层空间法》[55]，以履行和遵守联合国空间条约义务[56]。此外，国家空间活动的开展也促成了该法的颁布[57]。英国政府颁布该法的另一原因在于英国施行国际法与国内法并行的二元法律体系[58]，即国际条约义务需要通过英国议会颁布法律生效[59]。

迄今为止，《英国外层空间法》授权许可仅涉及卫星运行以及在外国领土实施的卫星发射[60]。但英国政府就此设立了新的政策目标，即致力于使英国成为商业空间最具吸引力国家，从而实现到2030年英国空间行业总值增长至400亿英镑[61]。该政策的重点在于吸引私人实体

---

[55] 1986年7月18日《1986年外层空间法》，第38章，英国［以下简称：《英国外层空间法》］.

[56] 《英国外层空间法》，序言 l 英国签署并批准了《外层空间条约》《营救协定》《责任公约》和《登记公约》，参见：联合国和平利用外层空间委员会法律小组委员会，《截至2017年1月1日与外层空间活动有关的国际协定的现状》（2017）联合国文件A/AC.105/C.2/2017/CRP.7，11.

[57] Irmgard Marboe，"国家空间法"，源自Frans von der Dunk与Fabio Tronchetti（编）《空间法手册》（爱德华·埃尔加出版社，2015），154.

[58] Matxalen Sánchez - Aranzamendi，"欧洲空间监管的经济和政策方面第一部分：国家空间立法案例——寻找共同与协调行动之间的道路"（报告21，欧洲空间政策研究所，2009），17.

[59] Anthony Aust，《现代条约法与实践》（第2版，剑桥大学出版社，2007），189－192.

[60] 下议院科技委员会，"航天法案草案"（2016－17第14次报告，下议院，2017），5.

[61] 英国航天局，"国家空间政策"（2015年12月13日）<https://www.gov.uk/government/publications/national-space-policy>2017年7月3日访问.

进入小型卫星和亚轨道航天旅游领域[62]。而为实现监管目的，上议院提出了《英国航天业法案》，允许在英国航天港开展在轨发射和亚轨道航行的商业航天活动[63]。因此，对于私人实体规划开展或已开展活动方面的态度转变，其根本目的在于刺激市场[64]。此外，从法律视角来看，该法案旨在通过制定详细规定补充阐明国际规定[65]。由于《英国航天业法案》的出台[66]，本章将讨论除《英国外层空间法》现有监管框架外的拟议立法变化。然而尽管已经颁布了《英国航天业法案》，《英国外层空间法》仍规定了英国境外的空间活动，依旧对航天领域起相关作用。

3.2.2　适用范围

《英国外层空间法》规定，该法适用于在英国境内或境外开展的空间物体发射或相关采购、空间物体控制或其他外层空间活动[67]。此处，活动的开展是指活动的开始或推进[68]。英国对外层空间的定义遵

---

[62] Grahame Danby，“外层空间”（简报编号 CBP7464，2017 年 3 月 10 日）<http：//researchbriefings. parliament. uk/ResearchBriefing/Summary/CBP - 7464#fullreport>2017 年 7 月 3 日访问，19.

[63] 运输部、英国航天局和商业、能源和工业战略部，“航天业法案的介绍表明英国商业航天飞行的承诺”（Gov. uk，2017 年 6 月 28 日）<https：//www. gov. uk/government/news/introduction - of - space - industrybill - shows - uks - commitment - to - commercial - spaceflight> 2017 年 7 月 3 日访问.

[64] 《航天业上议院法案解释性说明》（2017 - 19）7，4［以下称：《英国航天业法案解释性说明》］.

[65] 《英国航天业法案解释性说明》，6、7.

[66] 《航天业上议院法案》（2017 - 19）7，第 1（3）（b）条［以下称：《英国航天业法案》］.

[67] 《英国外层空间法》，第 1 节.

[68] 《英国外层空间法》，第 13（2）节.

循联合国空间条约的定义，包括月球和其他天体，但没有规定外层空间的界限⑥⑨。此外，该法规定，部件、运载火箭以及运载火箭部件也属于空间物体⑦⑩。因此，该法基于《责任公约》第一条第四款和《登记公约》第一条第二款中的空间物体定义，规定了空间活动的属事范围，而未限制其属地范围。

但是，《英国外层空间法》仅适用于英国国民、苏格兰公司和根据英国各行政区法律成立的机构⑦①。该法规定，英国国民是指英国公民、英国属土公民、英国国民（海外）或英国海外公民、根据1981年《英国国籍法》是英籍人士或受英国保护人士⑦②。该法的适用范围也可延伸至根据海峡群岛、马恩岛或由女王陛下通过枢密令宣布的附属领土法律规定的法人⑦③。因此，英国国家空间活动是通过活动主体的国籍来定义的。因此，任何具有外国国籍的自然人或法人在英国境内的空间活动，都不适用于该法。如果活动主体的国籍所在国未将本国空间立法的适用范围延伸至其领土外的活动，那对于外国实体的许可授权和持续性监督就会出现漏洞。此外，即使该国确实将其空间立法范围延伸至境外活动，该国仍难以对英国境内的活动进行有效的管辖、控制和监督。

《英国航天业法案》将对活动监管产生多重影响。尽管法案对空间活动的定义与《英国外层空间法》相同⑦④，但同时也将法案的适用

---

⑥⑨ 《英国外层空间法》，第13（1）节.

⑦⑩ 《英国外层空间法》，第13（1）节.

⑦① 《英国外层空间法》，第2节.

⑦② 《英国外层空间法》，第2（2）节.

⑦③ 《英国外层空间法》，第2（3）节.

⑦④ 《英国航天业法案》，第1（4）条.

范围延伸至亚轨道飞行和相关活动[75]。此处，“亚轨道活动”一词指的是发射、促成发射、控制或促成火箭、其他可在平流层以上运行的飞行器或深空气球或搭载这种飞行器的航空器返回地球[76]。“空间活动”和“亚轨道活动”之间的区别在于活动的目的。换言之，如果规划前往外层空间的空间物体进入地球轨道，即为“空间活动”，而如果该空间物体未进入轨道，则是“亚轨道活动”[77]。《英国航天业法案》仅适用于英国境内的空间活动[78]。这是因为法案对适用对象的划分不同于《英国外层空间法》，因此，该法案不仅仅适用于英国国民。

综上所述，《英国外层空间法》适用于由英国国民、苏格兰公司和根据英国法律注册成立的机构在英国境外的空间活动，而《英国航天业法案》则适用于任何实体或个人在英国境内的空间活动。因此，由于法案规定了对外国国籍的实体在英国开展空间活动的监管，是以将填补上述许可授权和持续性监督方面的空白。

3.2.3　立法主要内容

3.2.3.1　许可

空间活动的主要规定是适用于《英国外层空间法》的自然人和法人，除非获得国务大臣授予的许可，否则不得从事该法适用范围内的任何活动[79]。但部分情况豁免了许可，即个人代理他人或以履行英国

---

[75] 《英国航天业法案》，第 1（1）条.
[76] 《英国航天业法案》，第 1（4）、第 1（5）条.
[77] 《英国航天业法案解释性说明》，8.
[78] 《英国航天业法案》，第 1（1）条.
[79] 《英国外层空间法》，第 3（1）节.

国际义务为目的，由枢密院颁令授权许可同他国部署的活动[80]。此外，如果国务大臣认为履行英国国际义务无需许可，则可酌情免除个人或活动的许可义务[81]。

尽管许可可以酌情发放[82]，但申请人需要至少证明该活动不会危害公共卫生或人身、财产安全，遵守英国国际义务，且不得损害英国国家安全[83]。此外，许可可规定具体期限，并由《英国外层空间法》规定条件限制[84]，对被许可人有如下要求[85]：

- 允许行政机关检查被许可人设施以及检查和测试被许可人设备；
- 提供发射日期和属地或地点，交点周期、倾角、远地点和近地点等基本轨道参数，以及与活动性质、行为、地点和结果相关的其他信息；
- 允许检查和复制上述信息的相关文件；
- 如有意偏离轨道参数，应事先取得行政机关许可，并立即呈报意外偏离；
- 从事空间活动时，要防止外层空间遭受污染或地球环境发生不利变化，避免干扰他人和平探索和利用外层空间活动，避免违反英国国际义务，保护英国国家安全；
- 为第三方因活动遭受的损害或损失投保；
- 负责活动结束后外层空间有效载荷的处置，并尽快提交最终处

---

[80] 《英国外层空间法》，第3（2）节.
[81] 《英国外层空间法》，第3（3）节.
[82] 《英国外层空间法》，第4（1）节.
[83] 《英国外层空间法》，第4（2）节.
[84] 《英国外层空间法》，第5（1）节.
[85] 《英国外层空间法》，第5（2）节.

置方案；

- 事先安排特定活动的许可期限。

《英国外层空间法》允许通过国务大臣的书面同意和其他规定转让许可证[86]。因此，许可证转让须经英国政府事先许可。

此外，经被许可人同意，可以修改、撤销或暂停许可[87]。当被许可人不遵守许可或《英国外层空间法》条例中规定的条件时，也可以修改、撤销或暂停许可[88]。最后，如果出于维护公共卫生或国家安全利益，或履行英国国际义务，也可以对许可进行修改、撤销或暂停[89]。但是，仅就许可修改、撤销、暂停或过期这一事实并不影响被许可人遵守许可条件规定义务[90]。

《英国航天业法案》将对许可制度做出若干修改。首先，该法案明确规定了监管机构行使职能的依据。其中，公共安全是最重要的考虑因素[91]，其他必须考虑和权衡的因素还包括参与或受活动影响人员的利益、环境目标、国家安全以及英国国际义务[92]。然而，该法案主要规定与《英国外层空间法》规定相同，即私人实体在未经事先许可的情况下，不得进行空间活动和亚轨道活动[93]等两项航天活动[94]。该许可由监管机构酌情决定为具体航天活动或某类活动颁发[95]。该法案对

---

[86] 《英国外层空间法》，第6（1）节.
[87] 《英国外层空间法》，第6（2）节.
[88] 《英国外层空间法》，第6（2）节a.
[89] 《英国外层空间法》，第6（2）节b.
[90] 《英国外层空间法》，第6（3）节.
[91] 《英国航天业法案》，第2（1）条.
[92] 《英国航天业法案》，第2（2）条.
[93] 《英国航天业法案》，第1（6）条.
[94] 《英国航天业法案》，第3（1）条.
[95] 《英国航天业法案解释性说明》，9.

许可的豁免也与《英国外层空间法》相同[96]。

《英国航天业法案》并未对颁发许可的主要要求加以修改，即不得损害国家安全，遵守英国国际义务，不得违背公共卫生或人身、财产安全等国家利益[97]。此外，法案规定，除非申请人作为从事被许可活动的合适人选，有足够的财力和技术资源从事活动，否则不得授予许可。代表申请人从事被许可活动的代理人，也必须是从事该活动的合适人选[98]。此外，法案规定，许可申请人必须对被许可活动参与人的健康和安全进行风险评估[99]。该法案还对航天港进行了规范，即除非申请人已采取合理措施，尽可能降低航天港运营对公众安全的风险，并符合规定标准或要求，否则不予颁发许可[100]。

与《英国外层空间法》一样，《英国航天业法案》附件列出了限制许可的若干条件[101]。法案规定的条件并不详尽[102]，因而需要进一步设置更多条件。许可也可在经过事先许可的情况下进行转让[103]。此外，经被许可人同意，可以根据许可条件，或出于安全或国家安全利益、遵守英国国际义务或其他国家利益，修改、撤销或暂停许可[104]。同样，当被许可人没有遵守许可条件或法律义务时，可以修改或撤销许可[105]。

---

[96] 《英国航天业法案》，第3（4）、第4（1）&4（2）条.

[97] 《英国航天业法案》，第8（2）条.

[98] 《英国航天业法案》，第8（3）条.

[99] 《英国航天业法案》，第9（2）条.

[100] 《英国航天业法案》，第10条.

[101] 《英国航天业法案》，第12（1）条.

[102] 《英国航天业法案解释性说明》，14.

[103] 《英国航天业法案》，第14（1）条.

[104] 《英国航天业法案》，第14（2）条.

[105] 《英国航天业法案》，第14（3）条.

许可的修改、撤销或暂停不影响被许可人或前被许可人履行义务[106]。

3.2.3.2　保险

《英国外层空间法》规定，保险数额应根据许可条件而定。同时，该法强调被许可人必须就被许可活动在英国或其他地方造成的第三方损害或损失投保责任险[107]。在被许可活动期间，该活动保额不得低于 6000 万欧元[108]。

相比之下，《英国航天业法案》为其境内的航天活动规定了更为细致的保险机制，即免于申请许可的活动主体也应按法案规定进行投保[109]。此外，该法案使英国有能力通过担保或赠款等方式，提供符合保险要求的保险、再保险或其他安排[110]。最后，满足规定条件的财务担保也属于该法案规定的保险[111]。

3.2.3.3　追索与责任

当英国对空间物体造成的损害负有国际责任时，《英国外层空间法》适用人应就其法律适用活动所造成的损害或损失作出赔偿[112]。但是，赔偿要求不适用于代理人，也不适用于因国家指令所造成的损害或损失[113]。此外，英国 2015 年《英国放松管制法》规定，对于根据

---

[106] 《英国航天业法案》，第 14（6）条.

[107] 《英国外层空间法》，第 5（2）节 f.

[108] Grahame Danby，“外层空间”（简报编号 CBP7464，2017 年 3 月 10 日）<http：//researchbriefings. parliament. uk/ResearchBriefing/Summary/CBP－7464#fullreport>2017 年 7 月 3 日访问，5.

[109] 《英国航天业法案》，第 37（1）条 ｜ 《英国航天业法案解释性说明》，20.

[110] 《英国航天业法案》，第 37（2）、37（3）、37（5）条.

[111] 《英国航天业法案》，第 37（8）条.

[112] 《英国外层空间法》，第 10（1）节.

[113] 《英国外层空间法》，第 10（2）节.

《英国外层空间法》第三条第三款规定无须申请许可的活动，也可以免除或限制其赔偿责任在保额内[114]。此外，《英国放松管制法》对《英国外层空间法》进行了修订，规定许可必须列入被许可人应赔偿的保额[115]。

对被许可人赔偿责任和英国政府追索权方面的修订源于英国空间经营者的相关顾虑，即在没有无限责任保险的情况下，经营者难以在承担无限责任的同时为空间活动提供资金[116]。这些修订条例根据每项新申请活动的潜在风险评估，规定通常情况下予以 6000 万欧元的责任限额[117]。

《英国航天业法案》更加具体地规定了被许可人因航天活动的飞行器或空间物体、该类飞行器或物体的坠落物、英国或其领水内飞行器人员，对飞行状态飞行器或该飞行器人员或财产所造成伤害或损害的绝对赔偿责任[118]。鉴于损害或伤害的对象是英国或其管辖人员，英国可以针对该损害和伤害申请被许可人的绝对责任。对于参加或以其他方式从事航天活动或因疏忽造成或促成自身伤害或损害的个人所遭受的伤害或损害，给予豁免[119]。被许可人的责任限额可进一步通过条

---

[114] 2015 年 3 月 26 日《2015 年放松管制法》，第 20 章（英国），第 12（2）条［以下简称：《英国放松管制法》］.

[115] 《英国放松管制法》，第 2（3）条.

[116] Grahame Danby，“外层空间”（简报编号 CBP7464，2017 年 3 月 10 日）<http：//researchbriefings. parliament. uk/ResearchBriefing/Summary/CBP－7464#fullreport>2017 年 7 月 3 日访问，5.

[117] 英国航天局，“提前通知：为 1986 年英国外层空间法被许可人引入责任上限”<https：//www. gov. uk/government/uploads/system/uploads/attachment_ data/file/447278/OSA_ reform_ guidance_ text_ _ 2_ . pdf >2017 年 7 月 3 日访问.

[118] 《英国航天业法案》，第 33（2）条.

[119] 《英国航天业法案》，第 33（3）条.

例加以限制[120]。此外，当被许可人支付的赔偿金额高于保额时，英国政府可以赔偿被许可人所支付的赔偿[121]。但是，该赔偿权包括政府参与法律诉讼和指导责任人行为的可能性[122]。最后，如果涉及英国国际责任，许可证持有人有义务就航天活动相关的损害或损失索赔向国家作出赔偿[123]。该追索权不得超过被许可人的责任限额[124]。此外，赔偿义务不适用于个人代理人，或受国家指示行动所造成的损害或损失[125]。

3.2.3.4　登记

为履行《外层空间条约》第八条和《登记公约》义务，应保存一份国内空间物体登记册[126]。《英国外层空间法》并未具体规定登记所需资料，而是规定应将履行英国国际义务的相关信息记入登记册[127]。

《英国航天业法案》规定，其法定活动应对致使或促使飞行器或物体超出平流层或深空气球到达平流层的发射进行登记[128]。登记内容将包括发射日期、发射所在航天港、已发射航天器或运载飞行器性质、发射目的以及其他相关信息[129]。该登记册将取代《英国外层空间法》规定的登记册[130]。

---

[120] 《英国航天业法案》，第 33（5）条.
[121] 《英国航天业法案》，第 34（2）条.
[122] 《英国航天业法案》，第 34（4）条.
[123] 《英国航天业法案》，第 35（1）条.
[124] 《英国航天业法案》，第 35（3）条.
[125] 《英国航天业法案》，第 35（4）条.
[126] 《英国外层空间法》，第 7（1）节.
[127] 《英国外层空间法》，第 7（2）节.
[128] 《英国航天业法案》，第 60（1）、60（2）条.
[129] 《英国航天业法案》，第 60（3）条.
[130] 《英国航天业法案》，第 60（5）条.

3.2.3.5 环境保护

《英国外层空间法》并未包含涉及环境的相关规定，但允许以防止外层空间受到污染或地球环境发生不利变化为目的设定许可条件[131]。《英国航天业法案》也列入了对许可条件的类似规定[132]。此外，该法案明确规定了许可应包含相关条件，以确保遵守国际组织[133]发布的《空间碎片缓减准则》[134]。英国国家空间立法中并未包含关于环境保护或空间碎片减缓的进一步具体规定。

3.2.3.6 法律执行

《英国外层空间法》规定，应通过列入许可条件对活动监督管理。该条件可以要求被许可人允许检查其设施，检查和测试其设备以及允许检查和复制所需信息的相关文件[135]。通过此类监督，英国履行了《外层空间条约》第六条持续监督国家空间活动的义务，并可确保活动遵守该法条例和许可条件。

此外，当被许可活动违反了许可要求或许可条件时，可发出指示以确保被许可人活动符合英国国际义务或许可条件[136]，如有必要，则可通过禁令强制执行该指示[137]。在特殊情况下，该类指示或指令可包括中止活动或回收空间物体[138]。此外，或可发布逮捕令，授权指定人

---

[131] 《英国外层空间法》，第5（2）节e.

[132] 《英国航天业法案》，附表1（13）a.

[133] Richard Tremayne - Smith，“授权背景下的环境保护和空间碎片问题”，源自Frans von der Dunk（编），《欧洲国家空间立法》（马蒂努斯·奈霍夫出版公司，2011），185 - 187.

[134] 《英国航天业法案》，附表1（1）g.

[135] 《英国外层空间法》，第5（2）节a、c.

[136] 《英国外层空间法》，第8（1）节.

[137] 《英国外层空间法》，第8（3）节.

[138] 《英国外层空间法》，第8（2）节.

员代表政府采取合理武力等必要行动，以确保被许可人遵守英国国际义务或许可条件[139]。如果有合理根据证明某项活动违反许可要求或许可条件，且未遵守《英国外层空间法》第八条指示、预期拒绝遵守该指示或情况紧急，则可发出逮捕令[140]。

最后，《英国外层空间法》可通过罚款的形式对以下行为处以刑事制裁[141]，包括无证活动、为取得许可弄虚作假、未能遵守许可条件、未能遵守该法第八条指示、妨碍根据该法第九条授权的被许可人或未能遵守该法条例[142]。如该行为可归罪于法人董事、秘书或其他类似官员或声称以上述身份行事的人员，则可对该人提起诉讼。[143]

《英国航天业法案》重申了监督和执行各活动的重要性，以确保遵守法案所载和根据法案作出的规定、根据法案规定的许可条件、英国国际义务以及保护英国公共安全和国家安全的规定[144]。这些监督和执法措施将通过管理手段予以实施，包括要求提供信息，检查场地、设施、设备、航天器、运载飞行器和其他载具以及检查记录、文件等[145]。与《英国外层空间法》类似，该法案规定，违反许可即可发布指示，以确保遵守许可条件、法案规定或英国国际义务[146]。如未能遵守这些指示，或可授权强制执行指示[147]。此外，该法案规定了根据该

[139] 《英国外层空间法》，第 9 节.

[140] 《英国外层空间法》，第 9（1）节.

[141] 《英国外层空间法》，第 12（2）节.

[142] 《英国外层空间法》，第 12（1）节.

[143] 《英国外层空间法》，第 12（3）节.

[144] 《英国航天业法案》，第 25（2）条.

[145] 《英国航天业法案》，第 25（3）条.

[146] 《英国航天业法案》，第 26 条.

[147] 《英国航天业法案》，第 31 条.

法案[148]以及根据该法案实施制定的条例所规定的针对不同罪行的处罚[149]。

3.3 澳大利亚：1998年《澳大利亚空间活动法》

3.3.1 基本依据

澳大利亚的空间活动拥有丰富的历史传统[150]。早在1967年11月29日，澳大利亚伍默拉发射场就首次发射了试验与研究一号卫星（WRESAT-1）[151]。此外，作为联合国和平利用外层空间委员会的创始国以及联合国大会1958年设立的和平利用外层空间特设委员会的18个成员国之一[152]，澳大利亚从最初便积极参与制定了关于规范外层空间探索和利用的国际法律框架。20世纪90年代末，澳大利亚开始考虑在本国建设大型商业航天发射产业的可能性[153]。由于20世纪90年代国际商业发射业竞争愈发激烈和趋于完善，一些海外私人财团开始尝试在澳大利亚发射商业卫星[154]。

---

[148] 《英国航天业法案》，第52条.

[149] 《英国航天业法案》，第53条.

[150] Steven Freeland，“感觉到变化了吗——澳大利亚太空政策的重新启动和一些潜在法律影响”（2010）36《空间法杂志》381.

[151] Steven Freeland，“感觉到变化了吗——澳大利亚太空政策的重新启动和一些潜在法律影响”（2010）36《空间法杂志》381、388，389.

[152] Steven Freeland，“感觉到变化了吗——澳大利亚太空政策的重新启动和一些潜在法律影响”（2010）36《空间法杂志》381、389.

[153] Steven Freeland，“感觉到变化了吗——澳大利亚太空政策的重新启动和一些潜在法律影响”（2010）36《空间法杂志》381、388.

[154] Steven Freeland，“感觉到变化了吗——澳大利亚太空政策的重新启动和一些潜在法律影响”（2010）36《空间法杂志》381、388.

鉴于私营企业对发展发射业的浓厚兴趣，澳大利亚政府于1998年颁布了《澳大利亚空间活动法》[155]。该法旨在为澳大利亚境内或由澳大利亚国民在澳大利亚境外开展的商业空间活动建立监管制度，为合法空间活动所造成的人身伤害和财产损失规定赔偿标准，履行澳大利亚联合国空间条约义务[156]，以及履行澳大利亚特定空间合作协议义务[157]。根据澳大利亚政府的进一步解释，该法的主要宗旨在于吸引投资实现国家商业利益，同时确保履行国际义务并维护国家利益[158]。由于部分澳大利亚公司长期从事商业发射服务，且从事或希望从事发射服务的澳大利亚公司和海外公司均认为需要立法保证开展商业活动的投资安全[159]，因此，就商业利益而言，该法的出台十分必要。

为适应技术变更和国际法，《澳大利亚空间活动法》已经过多次修订。目前，澳大利亚政府开展了该法的全面改革，拟议修改澳大利亚民用空间活动监管框架，通过简化立法减少参与障碍，鼓励投资创新[160]。换言之，该法改革的主要目的在于平衡澳大利亚的风险和收益[161]。因此，改革的主要宗旨与其立法宗旨一致。然而，随着主体、

---

[155] 1998年12月21日《空间活动法》，1998年第123号，2016年10月21日第8号汇编(澳大利亚)［以下简称：《澳大利亚空间活动法》］.

[156] 澳大利亚已签署并批准了《外层空间条约》《营救协定》《责任公约》《登记公约》和《月球协定》，参见：联合国和平利用外层空间委员会法律小组委员会，《截至2017年1月1日与外层空间活动有关的国际协定的现状》（2017）联合国文件A/AC. 105/C. 2/2017/CRP. 7，5.

[157] 《澳大利亚空间活动法》，第3节.

[158] 《1998年空间活动法案解释性备忘录（澳大利亚）》，3［以下简称：《澳大利亚空间活动法案解释性备忘录》］.

[159] 《澳大利亚空间活动法案解释性备忘录》，3、4.

[160] 澳大利亚政府工业、创新和科学部，“1998年空间活动法和相关框架的改革”，立法提案文件，2017年3月24日，4［以下简称：《澳大利亚改革立法提案文件》］.

[161] 《澳大利亚改革立法提案文件》，4.

活动和技术的变更，现有的法律框架已经无法实现预期监管效果。如上所述，该法已不适用于日新月异的空间运行环境，也不利于为其创新投资提供相关环境[162]。因此，本节内容将包括《澳大利亚空间活动法》及其相关立法改革提案。

3.3.2 适用范围

《澳大利亚空间活动法》的法律制度属于各国空间法中较为复杂、详细的一例。其适用范围相对狭窄，仅侧重于商业航天发射的许可机制[163]。该法针对具体空间活动设立不同许可要求。因此，许可范围因许可而异。然而，该法也适用于希望在澳大利亚境内发射空间物体的所有主体[164]，以及由澳大利亚国民在澳大利亚境外发射的空间物体[165]。通过定义“发射”和“空间物体”，该法进一步界定了其适用范围。“发射”是指发射或试图发射空间物体至超过平均海平面以上 100 千米的高度[166]。“空间物体”则是指运载高度超过平均海平面以上 100 千米的运载火箭和有效载荷，或于该高度分离出的有效载荷或部组件[167]。此外，该法适用于有意返回澳大利亚境内[168]及境外发射的空间物体至澳大利亚的所有主体[169]。为了进一步界定适用范围，该法将“返回”

---

[162] 《澳大利亚改革立法提案文件》，6.

[163] Steven Freeland，“感觉到变化了吗——澳大利亚太空政策的重新启动和一些潜在法律影响”（2010）36《空间法杂志》381、388.

[164] 《澳大利亚空间活动法》，第 11 节.

[165] 《澳大利亚空间活动法》，第 12 节.

[166] 《澳大利亚空间活动法》，第 8 节“发射”.

[167] 《澳大利亚空间活动法》，第 8 节“空间物体”.

[168] 《澳大利亚空间活动法》，第 13 节.

[169] 《澳大利亚空间活动法》，第 14 节.

定义为空间物体从超过平均海平面以上 100 千米的高度返回或试图返回地球[170]。最后，该法适用于澳大利亚发射设施的经营者或相关经营行为[171]。显然，该法所使用的定义将其适用范围限制于在平均海平面以上 100 千米高度外从事或试图从事的空间活动。为解决国际法外层空间界定的不确定性，该法列入了相关界定，并通过明确规定适用活动消除不确定性[172]。

因此，该法的适用范围包括监管在澳大利亚本土及其海外领土[173]进行的空间活动，以及居住在澳大利亚以外的澳大利亚公民从事的空间活动[174]。

3.3.3 立法主要内容

3.3.3.1 许可

《澳大利亚空间活动法》通过对各类活动实行不同的许可机制，授权并监管该法适用活动。其各类许可机制对相应活动的具体条件均有所不同。

（1）空间许可

空间许可负责对发射设施、特定运载火箭和特定飞行路线的运营进行授权[175]，其许可条件为[176]：

---

[170] 《澳大利亚空间活动法》，第 8 节“返回”.

[171] 《澳大利亚空间活动法》，第 15 节.

[172] 《2002 年空间活动修正法案解释性备忘录（澳大利亚）》，4 ［以下简称：《澳大利亚空间活动修正法案解释性备忘录》］.

[173] 《澳大利亚空间活动法》，第 6、8 节“澳大利亚”.

[174] 《澳大利亚空间活动法》，第 8 节“澳大利亚国民”.

[175] 《澳大利亚空间活动法案解释性备忘录》，14.

[176] 《澳大利亚空间活动法》，第 18 节.

- 要求活动主体具备发射设施和运载火箭操作能力；
- 要求活动主体作为法人适用《澳大利亚宪法》第51条第10款；
- 已取得澳大利亚法律规定的必要环境许可，并已制定建设和运营发射设施的合格环境计划；
- 具备充足资金建设和运营发射设施；
- 在合理可行的情况下，尽可能降低因建设和运营发射设施造成的重大公共卫生、公共安全损害或重大财产损失的可能性；
- 要求不应授予无澳大利亚国家安全、外交政策或国际义务相关原因的空间许可；
- 符合发射设施相关法定指标（如有）；
- 符合该类运载火箭相关法定指标（如有）；
- 符合许可申请中各飞行路线的相关法定指标（如有）。

上述后三项要求规定了授权许可的进一步指标。规定要求，发射设施应在合理可行的情况下，尽可能有效、安全地实现其设计、建设或拟议建设相关的预期目的[177]。同时，针对运载火箭[178]和飞行路线也分别规定了类似指标[179]。

空间许可明确规定了许可的生效日期，并规定许可期限最多不得超过20年，且许可在其规定期限内保持有效；同时，该类许可授权应符合《澳大利亚空间活动法》规定的标准空间许可条件以及许可规定的附加条件[180]。除非许可另有规定，否则上述标准空间许可条件是指

---

[177] 《2001年空间活动条例》，第186号，2001年法定规则，第2.02（2）（澳大利亚）节［以下简称：《澳大利亚空间活动条例》］.

[178] 《澳大利亚空间活动条例》，第2.03（2）节.

[179] 《澳大利亚空间活动条例》，第2.03A（2）节.

[180] 《澳大利亚空间活动法》，第19节.

被许可人必须根据《澳大利亚空间活动法》第60条要求提供相关许可信息，必须允许发射安全员合理访问设施及设施内空间物体，并且必须确保向发射安全员提供其合理要求的关于设施或物体功能的性能指标和其他法定条件的信息或协助[181]。而许可规定的附加条件分为适用于所有被许可人的条件、适用于被许可人未批准为科学或教育组织情况下的附加条件以及适用于被许可人已批准为科学或教育组织情况下的附加条件[182]。规定的标准条件具有程序性，要求被许可人提供相关许可与人员信息[183]。同样，针对未批准为科学或教育组织的被许可人的附加条件也是程序性的，因为条件要求发射设施、运载火箭和飞行路线的运营符合已批准的管理计划、风险评估和环境计划[184]。针对已批准为科学或教育组织的被许可人的附加条件，也是类似的程序性问题[185]。

《澳大利亚空间活动法》规定空间许可具有可转让性，允许在满足该法许可授权条件的前提下进行许可转让[186]。此外，转让自通知规定时间生效；已转让许可继续授权相同发射设施和同类运载火箭；同时，除非相关部门改变已转让许可的生效条件，否则该条件与原许可条件相同[187]。最后，尽管许可已转让，但其有效限期仍然保持不变[188]。

在具备证据表明其必要性的情况下，可以未经被许可人要求对许

---

[181] 《澳大利亚空间活动法》，第20节.
[182] 《澳大利亚空间活动条例》，第2.04A节.
[183] 《澳大利亚空间活动条例》，第2.04B节.
[184] 《澳大利亚空间活动条例》，第2.04C节.
[185] 《澳大利亚空间活动条例》，第2.04D节.
[186] 《澳大利亚空间活动法》，第22（1）节.
[187] 《澳大利亚空间活动法》，第22（2-4）节.
[188] 《澳大利亚空间活动法》，第22（5）节.

可进行修改、撤销或转让[189]。此外，在被许可人违反许可条件，或因澳大利亚国家安全、外交政策或国际义务相关规定应中止许可的情况下，则可中止空间许可[190]。该类许可在中止期间无效，且尽管已中止，其有效期限将仍继续计时[191]。最后，为了监管被许可人对该法和许可条件的履行情况，或出于相关部门认为相关的其他原因，相关部门或可对空间许可进行年度审查[192]。

（2）发射许可

不同于空间许可规定，发射许可负责对特定空间物体或某组空间物体的发射进行授权[193]。此外，该类许可适用于发射后相关空间物体的返回，其中返回物体未必是授权发射的同一物体[194]。同时，该类许可的适用范围也包括回收其他有效载荷[195]。发射许可的颁发条件为[196]：

- 要求活动主体持有授权发射设施和相关类型运载火箭的空间许可；
- 要求活动主体作为法人适用《澳大利亚宪法》第 51 条第 10 款；
- 要求活动主体具备操作单一或同时发射及其相关返回的能力；
- 需要满足《澳大利亚空间活动法》第七章的保险或财务要求，以进行单一或同时发射及其相关返回；

---

[189] 《澳大利亚空间活动法》，第 24（1）（2）节.

[190] 《澳大利亚空间活动法》，第 25（1）节.

[191] 《澳大利亚空间活动法》，第 25（2）节.

[192] 《澳大利亚空间活动法》，第 25A 节.

[193] 《澳大利亚空间活动法》，第 26（1）节和《澳大利亚空间活动法案解释性备忘录》，15.

[194] 《澳大利亚空间活动法》，第 26（2）节.

[195] 《澳大利亚空间活动法》，第 26（2）节.

[196] 《澳大利亚空间活动法》，第 26（3）节.

• 在合理可行的情况下，尽可能降低因进行单一或同时发射及其相关返回造成的重大公共卫生、公共安全损害或重大财产损失的可能性；

• 要求相关空间物体或空间物体群不得是或含有核武器或其他类型的大规模杀伤性武器；

• 要求不应拒绝出于澳大利亚国家安全、外交政策或国际义务相关原因的发射许可授权；

• 符合附加法定指标。

附加法定指标或指标群要求发射许可证持有人具备合格的环境计划，以进行单一或同时发射及其相关返回[197]。

如果空间物体或空间物体群中的任一物体在非澳大利亚的国家发射，则应在考虑澳大利亚与该国之间是否具有协议，要求该国应对空间物体或物体群可能造成的任何损失承担责任并赔偿澳大利亚政府，以及协议的各条款内容后，决定是否授予发射许可[198]。与空间许可一样，发射许可应规定其生效日期和有效期限，并根据《澳大利亚空间活动法》规定的标准条件予以颁发[199]。

此外，发射许可授权条件的分类也与空间许可类似，分为一般条件、被许可人未批准为科学或教育组织情况下的条件和被许可人已批准为科学或教育组织情况下的条件[200]。同时，以上条件大多具有程序性，要求被许可人提供信息，遵守环境计划并进行风险评估[201]。而且，

---

[197] 《澳大利亚空间活动条例》，第3.01（2）节.

[198] 《澳大利亚空间活动法》，第26（4）节.

[199] 《澳大利亚空间活动法》，第28（1）节.

[200] 《澳大利亚空间活动条例》，第3.02节.

[201] 《澳大利亚空间活动条例》，第3.02A节、第3.02B节和第3.02C节.

该类许可也可规定，其有效期限可因发生特定事件而终止[202]。

除非许可另有规定，上述标准条件为，单一发射或同时发射及其相关返回不得造成重大公共卫生、公共安全损害或重大财产损失；空间物体或物体群不得是或含有核武器或其他类型的大规模杀伤性武器；除非经过相关部门事先书面批准，空间物体或物体群不得含有任何可裂变材料；许可证持有人必须满足《澳大利亚空间活动法》第七章对于许可下各发射及返回的保险或财务要求[203]。

与空间许可类似，如果第三方符合《澳大利亚空间活动法》授予发射许可的要求，则可将许可转让给该第三方[204]。因此，该许可授权内容不变，包含相同发射设施、同类运载火箭和相同空间物体[205]。在具备证据表明其必要性的情况下，可以对许可进行修改、撤销或转让[206]。在决定是否修改、撤销或转让许可时，澳大利亚政府必须对通知规定期限内提交文件的各事项予以考虑[207]。最后，如果发射许可证持有人存在违反许可条件的以下情况，可中止发射许可[208]：出于澳大利亚国家安全、外交政策或国际义务相关原因；在物体发射或返回的责任期间内已授权空间物体发生意外事件。发射许可在中止期间无效，且在中止期间也可对其进行修改或撤销[209]。

---

[202] 《澳大利亚空间活动法》，第 28（2）节.
[203] 《澳大利亚空间活动法》，第 29 节.
[204] 《澳大利亚空间活动法》，第 31（1）节.
[205] 《澳大利亚空间活动法》，第 31（3）节.
[206] 《澳大利亚空间活动法》，第 33（1）节.
[207] 《澳大利亚空间活动法》，第 33（2）节.
[208] 《澳大利亚空间活动法》，第 34（1）节.
[209] 《澳大利亚空间活动法》，第 34（2）、（3）节.

（3）海外发射许可

海外发射许可实施的规定有所不同。该类许可适用于由澳大利亚境外发射设施进行的特定空间物体或某组空间物体的发射，其授权活动本质上与发射许可授权的活动相同[210]。仅有由澳大利亚国民在澳大利亚境外负责发射时，才需要授予该类许可[211]。颁发海外发射许可的条件有[212]：

- 需要满足《澳大利亚空间活动法》第七章的保险或财务要求，根据许可进行发射，或者出于相关空间物体或空间物体群性质和用途的考虑，无须坚持满足该保险或财务要求；
- 尽可能降低因发射造成的重大公共安全损害或重大财产损失的可能性；
- 要求不应授予无澳大利亚国家安全、外交政策或国际义务相关原因的海外发射许可；
- 条例规定的任何其他标准。

该条例仅规定，海外发射许可证持有人拥有所有权权益的相关空间物体或物体群的任何部分不得是或含有核武器或任何其他类型的大规模杀伤性武器[213]。

此外，应在考虑澳大利亚与另一发射国或发射国家中任一国家之间是否具有协议或安排，要求该国或这些国家应对空间物体可能造成的任何损失承担责任并赔偿澳大利亚政府，以及该协议或安排的各条

---

[210] 《澳大利亚空间活动法》，第 35（1）节和《澳大利亚空间活动法案解释性备忘录》，18.

[211] 《澳大利亚空间活动法》，第 12 节.

[212] 《澳大利亚空间活动法》，第 35（2）节.

[213] 《澳大利亚空间活动条例》，第 4.01（2）节.

款内容后，决定是否授予海外发射许可[214]。与其他许可类似，海外发射许可必须明确规定其生效日期和有效期限，并根据许可规定条件予以颁发[215]。同时，许可也可规定在特定事件发生时终止许可[216]。

如果第三方符合授予海外发射许可的要求和条件，则可将许可转让给该第三方[217]。该证书授权内容不变，包含相同发射设施、同类运载火箭和相同空间物体[218]。此外，转让许可的有效期限和条件与原许可相同[219]。

如果存在证据表明，有必要对海外发射许可进行修改、撤销或转让，则必须向该许可证持有人发出书面通知，说明理由，并请持有人在通知规定的合理期限内就此事提交书面意见[220]。但不得以发射设施位置变化，对海外发射许可进行修改[221]。最后，在以下情况下应通过书面通知中止海外发射许可：许可证持有人违反许可条件；未满足许可规定发射的保险或财务要求；或出于澳大利亚国家安全、外交政策或国际义务相关原因[222]。

（4）澳大利亚境外发射的空间物体返回许可

最后，不同于澳大利亚境内发射的空间物体返回，澳大利亚境外

---

[214] 《澳大利亚空间活动法》，第 35（3）节.
[215] 《澳大利亚空间活动法》，第 36（1）节.
[216] 《澳大利亚空间活动法》，第 36（2）节.
[217] 《澳大利亚空间活动法》，第 38（1）节.
[218] 《澳大利亚空间活动法》，第 38（3）节.
[219] 《澳大利亚空间活动法》，第 38（4）、（5）节.
[220] 《澳大利亚空间活动法》，第 40 节.
[221] 《澳大利亚空间活动法》，第 40（3）节.
[222] 《澳大利亚空间活动法》，第 41 节.

发射的空间物体返回澳大利亚境内区域或特定地点必须另外获取许可[223]。该类许可适用于空间物体或某组性质相似的空间物体返回澳大利亚的特定地点或区域的授权[224]。获取该类许可要求[225]：

- 活动主体具备操作单一或同时返回的能力；
- 满足单一或同时返回的保险或财务要求；
- 在合理可行的情况下，尽可能降低因进行单一或同时返回造成的重大公共卫生、公共安全损害或重大财产损失的可能性；
- 相关空间物体或物体群不得是或含有核武器或任何其他类型的大规模杀伤性武器；
- 不得拒绝出于澳大利亚国家安全、外交政策或国际义务相关原因的许可授权；
- 符合附加法定指标。

附加法定指标要求，进行单一或同时返回的活动主体必须具备必要环境许可以及返回的合格环境计划[226]。

与其他许可类似，澳大利亚境外发射的空间物体返回许可授权应考虑澳大利亚与该许可适用的空间物体发射国之间是否具有协议或约定，要求该国应对空间物体可能造成的任何损失承担责任并赔偿澳大利亚政府，以及该协议或安排的各条款内容[227]。但不同于其他许可，海外发射空间物体的返回授权，应进一步符合必要条件要求[228]。此外，

---

[223] 《澳大利亚空间活动法》，第 42 节.
[224] 《澳大利亚空间活动法》，第 43（1）节.
[225] 《澳大利亚空间活动法》，第 43（3）节 .
[226] 《澳大利亚空间活动条例》，第 5.01 节.
[227] 《澳大利亚空间活动法》，第 43（4）节.
[228] 《澳大利亚空间活动法》，第 43（5）节.

准许从海外发射的空间物体返回之规定不得转让。

此外，可以对该许可进行修改、撤销或中止[229]。在以下情况下，可以中止此许可：出于澳大利亚国家安全、外交政策或国际义务相关原因，或者在物体返回的责任期间内已授权空间物体发生意外事件[230]。许可在中止期间无效[231]，且该期间内仍可进行修改或撤销[232]。

最后，许可制度规定，可以对空间许可、发射许可以及澳大利亚发射的空间物体返回许可予以豁免[233]。规定要求豁免许可时应注意，豁免是否用于处理紧急情况，豁免造成重大公共卫生、公共安全损害或重大财产损失的可能性，以及联邦因豁免造成的损失承担国际责任的可能性[234]。

3.3.3.2 保险

《澳大利亚空间活动法》规定了发射许可、海外发射许可以及海外发射的空间物体返回许可的国家保险或财务要求[235]。如果在发射或返回的整体责任期间内，活动已投保或许可证持有人已表明对发射或返回负有的直接财政责任金额不低于活动实际所需金额，则满足活动的保险或财务要求[236]。如果被许可人可证明其净资产足以赔偿因其相关发射或返回造成的任何第三方损失，或可证明其具备履行赔偿义务

---

[229] 《澳大利亚空间活动法》，第45B节和第45C节.
[230] 《澳大利亚空间活动法》，第45C（1）节.
[231] 《澳大利亚空间活动法》，第45C（2）节.
[232] 《澳大利亚空间活动法》，第45C（3）节.
[233] 《澳大利亚空间活动法》，第46节、第46A节、第46B节.
[234] 《澳大利亚空间活动条例》，第6.01节.
[235] 《澳大利亚空间活动法》，第47（1）节.
[236] 《澳大利亚空间活动法》，第47（2）节.

的能力，则可证明其满足规定的直接财政责任金额要求[237]。此外，被许可人必须提供证明其赔偿能力所需要的补充资料[238]。

各类许可的保险要求根据澳大利亚所承担的责任而有所不同。如果被许可人对根据《澳大利亚空间活动法》规定可能承担的由发射或返回造成的第三方损失的赔偿责任进行了投保，且联邦对根据《责任公约》或其他国际法规定可能承担的损失的赔偿责任进行了投保，则满足发射、发射许可下返回或海外发射的空间物体返回的保险要求[239]。如果联邦对根据《责任公约》或其他国际法规定应承担的由发射造成的第三方损失的赔偿责任进行了投保，则符合海外发射许可的保险要求[240]。

《澳大利亚空间活动法》规定上述许可需要投保的金额以 7.5 亿澳元和因发射或返回造成第三方损失的最高金额中较低的金额为准[241]。最高损失金额由规定方法确定，或如果规定以不同方法确定投保金额的最低金额，则由该方法确定最高损失金额[242]。

3.3.3.3　追索与责任

《澳大利亚空间活动法》规定空间物体造成损失的赔偿责任范围包括：在澳大利亚发射的或澳大利亚作为发射国的物体造成的损失，以及在其发射责任期间内造成的损失[243]。此外，该法规定的赔偿责任

---

[237] 《澳大利亚空间活动条例》，第 7.01（2）节.
[238] 《澳大利亚空间活动条例》，第 7.01（3）节.
[239] 《澳大利亚空间活动法》，第 48（1）节.
[240] 《澳大利亚空间活动法》，第 48（2）节.
[241] 《澳大利亚空间活动法》，第 48（3）节.
[242] 《澳大利亚空间活动法》，第 48（3）节.
[243] 《澳大利亚空间活动法》，第 63（1）节.

范围包括：由返回澳大利亚的空间物体造成的损失，以及在其责任期间内造成的损失[244]。最后，该法规定，在澳大利亚发射的或澳大利亚作为发射国的空间物体在澳大利亚境外返回的责任期间内所造成的损失也属其赔偿责任范围[245]。该法适用于在地球、空中及外层空间，以及澳大利亚境内及境外造成的损失，也适用于该法或其他法律授权的发射及返回，以及许可下或豁免许可下的发射及返回[246]。

因此，《澳大利亚空间活动法》通过承担澳大利亚作为发射国的赔偿责任履行《责任公约》义务。但该法对责任期限作出了进一步规定，并对赔偿责任作出了限制。发射的责任期限定义为“自发射为始的 30 天期限或其他法定期限”，而返回的期限则是“自相关物体重返大气层为始至在地球上停止的期限或其他法定期限”[247]。因此，该法下的赔偿责任似乎不包括发射责任期限后空间物体在轨时造成的损失。

该法将赔偿责任分为两类，分别涉及由发射和大多数返回造成的损失，以及由澳大利亚境外发射的且非澳大利亚国民作为返回责任方的物体造成的损失[248]。由于该法这一部分规定了责任方对空间物体造成损失的赔偿责任，因此，有必要对该法“责任方”定义作出明确规定。责任方是指，活动许可证持有人或豁免许可人，发射或返回的执行人，空间物体构成部分的全部或部分有效载荷的所有人，或其他规定人员[249]。

---

[244] 《澳大利亚空间活动法》，第 63（2）节.
[245] 《澳大利亚空间活动法》，第 63（2A）节.
[246] 《澳大利亚空间活动法》，第 63（3）节.
[247] 《澳大利亚空间活动法》，第 8 节“责任期”.
[248] 《澳大利亚空间活动法》，第 66、70 节.
[249] 《澳大利亚空间活动法》，第 8 节“责任方”.

《澳大利亚空间活动法》规定，空间物体的发射和大多数返回的责任方有责任根据《责任公约》第二条规定，赔偿空间物体对地球上第三方造成的任何损失或对飞行中航天器造成的损失[250]。但如果责任方证明该损失是由第三方重大过失或故意造成的损失，则无须承担赔偿责任[251]。此外，根据《责任公约》第三条规定的过失责任，该法规定空间物体的发射或返回责任方有责任赔偿，对地球或飞行中航空器所造成任何损害，以及对第三方发射或运营物体、对第三方或该空间物体上的第三方财产造成的损害[252]。同时，如果发射或返回已由该法授权，且未因由责任方或相关责任方故意或因其严重过失造成的损失违反许可条件，则责任方的应付赔偿金额不得超过保额[253]。当责任方已付赔偿金额相当于保额，且赔偿澳大利亚国民的应付金额大于保额时，联邦有责任支付 30 亿美元以下赔偿[254]。

《澳大利亚空间活动法》规定，非澳大利亚发射的及非澳大利亚国民作为责任方返回的空间物体所造成的损失，返回责任方应赔偿空间物体造成的第三方损失[255]。

根据《责任公约》第十条规定，索赔仅可在损失发生之日起一年内提出，或在相关主体不知道发生损失的情况下，在主体知道损失发生之日或经主体检查本应知道损失发生之日起一年内提出[256]。此外，

---

[250] 《澳大利亚空间活动法》，第 67（1）节.
[251] 《澳大利亚空间活动法》，第 67（2）节.
[252] 《澳大利亚空间活动法》，第 68 节.
[253] 《澳大利亚空间活动法》，第 69 节.
[254] 《澳大利亚空间活动法》，第 69（4）节.
[255] 《澳大利亚空间活动法》，第 69 节.
[256] 《澳大利亚空间活动法》，第 73（1）节.

该法规定，在他国已对澳大利亚提出其损失索赔或已解决索赔的情况下，则受损失主体不得索赔[257]。如果他国已提出此类索赔且澳大利亚根据《责任公约》或国际法有责任赔偿[258]，则澳大利亚有权向责任方追索[259]。责任方有责任向联邦支付赔偿金额和发射或返回相关保额（如适用）之间的较低金额作为赔偿。

3.3.3.4 登记

《澳大利亚空间活动法》规定，必须保存空间物体登记册。登记适用于根据该法和《登记公约》授权发射进入地球轨道或超过地球轨道的空间物体，其内容包括空间物体登记编号，发射设施，发射日期，空间物体的交点周期、倾角、远地点和近地点等基本轨道参数，空间物体主要功能，非澳大利亚的空间物体发射国，以及规定的其他详情[260]。

3.3.3.5 环境保护

澳大利亚国家空间立法并未在具体法律或条款中涉及环境保护的相关规定。但《澳大利亚空间活动法》下的各类许可规定了相关环境条件。首先，申请人必须证明已获得澳大利亚所有法定环境批准，并已制定建设和运营发射设施的合格环境计划，方可获取空间许可[261]。同样，申请人必须具有已批准的环境计划，方可获取发射许可或海外发射的空间物体返回许可[262]。

---

[257] 《澳大利亚空间活动法》，第 73（2）节.
[258] 《澳大利亚空间活动法》，第 74（1）节.
[259] 《澳大利亚空间活动法》，第 74（2）节.
[260] 《澳大利亚空间活动法》，第 76 节.
[261] 《澳大利亚空间活动法》，第 18 节 b.
[262] 《澳大利亚空间活动条例》，第 3.01（2）、第 5.01 节.

3.3.3.6　法律执行

澳大利亚政府通过将向相关部门提供其所需信息列入条款，对《澳大利亚空间活动法》适用范围内的空间许可活动进行了监管规定[263]。此外，空间许可持有人必须允许合理访问发射设施和空间物体，并向发射安全员提供信息和协助[264]。

《澳大利亚空间活动法》的若干部分内容都涉及对活动主体的民事处罚。在不具备发射许可、海外发射许可、海外发射的空间物体返回许可或相关许可豁免的情况下，对于从事空间活动的法人，可处以10 万单位以下罚款；对于自然人，则可处以 10 年以下监禁或 600 单位以下罚款[265]。罚款单位价值可变，并应通过 1914 年《澳大利亚犯罪法》第 4AA 条进行规定。

此外，将对违反空间许可发射设施的运营要求、空间许可条件、发射许可条件、海外发射许可条件、相关返回条件、海外发射的空间物体返回许可条件以及许可豁免条件的行为或违反事先协议的行为，处以民事处罚[266]。在确定民事处罚罚款时，必须考虑违反行为的性质和程度、因违反行为而造成的损失或损失的性质和程度、违反行为发生情况以及活动主体是否曾因此类行为受到《澳大利亚空间活动法》诉讼[267]。此类民事处罚规定，对法人处以 5000 单位以下罚款，对自然人则处以 500 单位以下罚款。澳大利亚联邦法院可以就诉讼程序作出

---

[263] 《澳大利亚空间活动法》，第 20 节 a.

[264] 《澳大利亚空间活动法》，第 20 节 b.

[265] 《澳大利亚空间活动法》，第 11 节 e、f，第 12 节 d、e，第 13 节 f、g 和第 14 节 d、e.

[266] 《澳大利亚空间活动法》，第 80 节.

[267] 《澳大利亚空间活动法》，第 81（2）节.

活动主体未违反民事处罚规定以及罚款金额等相关声明或命令[268]。

此外，如果许可证持有人因故意作为或不作为而违反发射许可条件，且不计其行为是否违反条件的后果，则可适用更高金额的处罚[269]。在该情况下，对法人处以 10 万个单位以下罚款，对自然人则处以 10 年以下监禁或600 个单位以下罚款[270]。同样，对于违反海外发射的空间物体返回许可下空间物体返回标准条件，或违反事先协议下空间物体发射或返回的情况，也可适用该民事处罚[271]。上述标准条件规定：活动形式不得造成重大公共卫生、公共安全损害或重大财产损失；空间物体不得是或含有核武器或任何其他类型的大规模杀伤性武器；未经书面批准，空间物体不得含有任何可裂变材料；遵守必要的保险或财务要求[272]。

3.3.3.7 意外事件

《澳大利亚空间活动法》中讨论意外事件的部分主要包含调查此类事件的程序[273]。然而，该法明确规定了适用范围仅限于在指定责任期内发生的意外事件或意外事故[274]。此外，该法对“意外事故”和“意外事件”的定义取决于事件的结果。当个人因空间物体运行死亡或遭受严重伤害，或空间物体遭受摧毁或严重损坏或造成财产损失时，

---

[268] 《澳大利亚空间活动法》，第 81（4）节.
[269] 《澳大利亚空间活动法》，第 30（2）节.
[270] 《澳大利亚空间活动法》，第 30（2）节 c、d.
[271] 《澳大利亚空间活动法》，第 44（1）节、第 109（3）节.
[272] 《澳大利亚空间活动法》，第 44（1）节 a－d、第 109（3）节 a－d.
[273] 《澳大利亚空间活动法》，第 7 部分.
[274] 《澳大利亚空间活动法》，第 84 节.

该事件被视为意外事故[275]。然而，如果某事件影响或可能影响空间物体运行安全，或存在几乎演变为事故的情况，该事件则为意外事件[276]。意外事故和意外事件之间唯一区别是：意外事故发生时，必须要任命调查员，而意外事件发生时可以任命调查员[277]。因此，该区别在于对意外事故的强制性调查和对意外事件的选择性调查。

在确定了事件调查的范围后，《澳大利亚空间活动法》规定了调查员可以采取的实质性措施。主要包括收集事件或事故的相关信息[278]。此外，为了调查，可以对空间物体进行没收保管[279]。最后，《澳大利亚空间活动法》规定，依据该法颁发的许可将在发生事故后自动中止[280]。

3.4　中国：2002 年《中国发射许可暂行办法》

3.4.1　基本依据

中国的空间技术发展始于 20 世纪 50 年代[281]。1970 年，中国第一颗卫星东方红一号通过长征运载火箭发射成功[282]。最初，中国政府实体主要负责开展外层空间活动。如今，非政府实体开始对开发卫星表现出兴趣[283]。例如，清华大学与英国的一所大学合作制造了一颗微型

[275] 《澳大利亚空间活动法》，第 85 节.
[276] 《澳大利亚空间活动法》，第 86 节.
[277] 《澳大利亚空间活动法》，第 88 节.
[278] 《澳大利亚空间活动法》，第 91 节.
[279] 《澳大利亚空间活动法》，第 94 节.
[280] 《澳大利亚空间活动法》，第 95 节.
[281] 严玲，“中国空间法规评论”，《中国国际法论刊》，(2008) 7，681.
[282] 赵云，“中国大陆国家空间立法”，《空间法杂志》，(2007) 33，427.
[283] 严玲，“中国空间法规评论”，《中国国际法论刊》，(2008) 7，681.

卫星，1999年从俄罗斯境内发射升空。

目前，中国还没有全面的国家空间法规。但是中国已经颁布了两项关于空间活动的法律，即《空间物体登记管理办法》[284] 和《民用航天发射项目许可证管理暂行办法》[285]，二者均由国防科学技术工业委员会（COSTIND）颁布。中国颁布国家空间法规主要有两个目的[286]。第一，确保中国履行联合国空间条约规定的国际义务，这些义务包含每个国家必须遵守的国际法基本原则[287]。第二，国家空间法对国际空间法进行了补充。《中国登记管理办法》的主要目的是在考虑中国实际情况的同时，履行中国在《登记公约》中作出的承诺[288]。而制定《中国发射许可暂行办法》是为了促进民用航天事业健康发展，维护国家安全及公共利益，履行中国在联合国空间条约中的义务[289]。

3.4.2 适用范围

《中国发射许可暂行办法》适用于非军事用途，中国境内的卫星等航天器进入外层空间的行为，以及中国自然人、法人或其他组织已拥有产权的或通过在轨交付方式拥有产权的航天器在中国境外进入外

---

[284] 中华人民共和国国防科学技术工业委员会和外交部令第6号，“空间物体登记管理办法”，2001年2月8日，公布于《空间法杂志》，（2007）33，437［以下简称：《中国登记管理办法》］.

[285] 中华人民共和国国防科学技术工业委员会和外交部令第12号，《民用航天发射项目许可证管理暂行办法》，2002年11月21日，中国公布于《空间法杂志》，（2007）33，442［以下简称：《中国发射许可暂行办法》］.

[286] 严玲，“中国空间法规评论”，《中国国际法论刊》，（2008）7，681－682.

[287] 中国签署并批准了《外层空间条约》《营救协定》《责任公约》和《登记公约》，参见：联合国和平利用外层空间委员会法律小组委员会，《截至2017年1月1日与外层空间活动有关的国际协定的现状》（2017）联合国文件 A/AC. 105/C. 2/2017/CRP. 7，6.

[288] 赵云，“中国大陆国家空间立法”，《空间法杂志》，（2007）33，427、431.

[289] 《中国发射许可暂行办法》，第1节.

层空间的行为[290]。因此，许可证制度适用于民用航天发射项目[291]，即私人实体开展的空间活动[292]。该法规行使了中国的属地管辖权和属人管辖权。但是，该法规没有定义“航天器”一词，导致其适用范围较为模糊，与《中国登记管理办法》中“空间物体”一词的定义对比来看就更为模糊。不过至少规定了卫星属于《中国发射许可暂行办法》的适用范围。

《中国登记管理办法》适用于在中国境内发射的所有空间物体，以及中国作为合作发射国在境外发射的空间物体[293]。该适用范围与《登记公约》第一条第 a 款中对“发射国”的定义相符，因为它包括了法规下中国为发射国的所有可能性。法规所称“空间物体”是指人造地球卫星、载人航天器、空间探测器、空间站、运载工具及其部件，以及进入外层空间的其他人造物体，但不包括短暂穿越外层空间的深空探测火箭和弹道导弹[294]。该法规不仅与《登记公约》第二条对“空间物体”的定义相符，履行了《登记公约》第二条中关注进入或越出地球轨道的空间物体的义务，也进一步阐述了“空间物体”的定义[295]。针对亚轨道飞行是否属于短暂穿越外层空间的空间物体尚有争议。法规没有给出“短暂”一词的定义，很难判断亚轨道航天器在外层空间停留的时间是否短暂。该法规的属人管辖权适用于从事发射或促成发

---

[290] 《中国发射许可暂行办法》，第 2 节.
[291] 《中国发射许可暂行办法》，第 3 节.
[292] 赵云，《中国国家空间法》（布里尔 | 奈霍夫出版社，2015），58.
[293] 《中国发射许可暂行办法》，第 3 节.
[294] 《中国发射许可暂行办法》，第 2 节.
[295] 赵云，《中国国家空间法》（布里尔 | 奈霍夫出版社，2015），63.

射空间物体的政府部门、法人、其他组织和自然人[296]。

3.4.3 立法主要内容

3.4.3.1 许可

在《中国发射许可暂行办法》监管范围内的实体，在经审查合格取得许可证后，方可开展受监管的活动[297]。国防科学技术工业委员会负责审查、批准和监督[298]。国防科学技术工业委员会应实行统一的规划和管理[299]。申请人获得许可证必须具备以下条件[300]：

- 遵守中国法律、法规，保守国家秘密；
- 申请项目不危害国家安全、不损害国家利益、不违反国家外交政策和中国已签署的国际公约；
- 申请项目不会因重大过失或故意行为对公众的健康、安全或财产造成无法补偿的危害；
- 具有国家有关部门发放的从事所申请项目的相关许可文件；
- 具备从事所申请项目的技术力量、经济实力及完善的技术资料；
- 法律、法规、规章规定的其他条件。

除这些原则外，申请人应在航天器预定发射月的9个月前，向国防科学技术工业委员会提交文件，一式三份[301]。这些文件包括许可证

[296] 《中国发射许可暂行办法》，第4节.
[297] 《中国发射许可暂行办法》，第3节.
[298] 《中国发射许可暂行办法》，第4节.
[299] 《中国发射许可暂行办法》，第4节.
[300] 《中国发射许可暂行办法》，第5节.
[301] 《中国发射许可暂行办法》，第6节.

申请书、许可证申请人资格审查材料、证明项目符合国家环境保护法律法规的有关材料[302]。此外，在国内发射场实施的项目，需提供预定发射时间，卫星、运载火箭、发射和测控通信系统之间的技术要求，运载火箭详细轨道参数及落区或回收场区的勘察报告，卫星详细轨道参数、频率资源使用情况的文件[303]。在国外发射场开展的项目，申请人需要提交运载火箭、卫星轨道参数等具有法律效力的文件副本，以及使用有关频率资源的许可文件副本[304]。最后，必须提供项目相关的安全设计报告和保障公共安全的材料，关键安全系统的可靠性、运载火箭发射过程中正常及故障状态对发射场附近及发射轨迹范围内的财产及人身安全构成的影响、如何避免污染和空间碎片问题以及其他有关安全的补充材料[305]。

国防科学技术工业委员会在收到申请材料后 30 日内，对项目组织审查。对审查合格的项目，颁发许可证；对审查不合格的项目，不予颁发许可证[306]。在拒发许可证的情况下，申请人可申请复审[307]。许可证内容要包括申请人及其法定代表人、注册地址、项目主要内容、预计发射时间、许可证有效期和发证机关和发证时间[308]。许可证仅限于批准的空间活动使用，活动结束后，许可证自动失效[309]。许可证不得修

[302] 《中国发射许可暂行办法》，第 6 节.
[303] 《中国发射许可暂行办法》，第 6 节.
[304] 《中国发射许可暂行办法》，第 6 节.
[305] 《中国发射许可暂行办法》，第 6 节.
[306] 《中国发射许可暂行办法》，第 7 节.
[307] 《中国发射许可暂行办法》，第 8 节.
[308] 《中国发射许可暂行办法》，第 10 节.
[309] 《中国发射许可暂行办法》，第 11 节.

改或转让[310]。

获得许可证后，在发射日期之前，被许可人需进一步提供材料。对于在国内执行发射场工作的项目，被许可人需在预定发射月的6个月之前，向国防科学技术工业委员会上报项目发射计划。上报材料包括运载火箭技术状态文件、质量状态控制文件、飞行试验大纲、安全保密及其他需出具的文件、已生效的项目第三方责任保险单副本及相关文件副本、相关已生效保险单副本[311]。特殊情况需向国防科学技术工业委员会提供书面材料，依据具体情况处理。对于在国外执行发射场工作的项目，被许可人需向国防科学技术工业委员会上报申请，并附第三方责任保险、相关保险、安全和保密等具有法律效力的最终文件副本[312]。

需要变更许可证内容的，被许可人应在许可证到期前90天，向国防科学技术工业委员会提出变更申请[313]。如果拟取消空间活动，被许可人应当在许可证到期前90天，向国防科学技术工业委员会提出取消申请，经批准后，予以注销许可证[314]。因被许可人管理不善无力完成的项目，由国防科学技术工业委员会注销许可证[315]。

在项目执行期间，被许可人违反中国有关法律、法规以及国家间保密协定的，国防科学技术工业委员会将责令其限期改正[316]。此外，

---

[310] 《中国发射许可暂行办法》，第12节.
[311] 《中国发射许可暂行办法》，第20节.
[312] 《中国发射许可暂行办法》，第21节.
[313] 《中国发射许可暂行办法》，第13节.
[314] 《中国发射许可暂行办法》，第14节.
[315] 《中国发射许可暂行办法》，第15节.
[316] 《中国发射许可暂行办法》，第16节.

在项目执行期间，若存在危害国家安全、损害国家利益、违反国家的外交政策和中国签署的国际公约、未按许可证范围从事活动或其他违反法规的行为，国防科学技术工业委员会同样将责令其改正[317]。情节严重的，将吊销其许可证[318]。吊销许可证后2年内，申请人不得就同一空间活动提出许可证申请[319]。

3.4.3.2 保险

被许可人有义务购买发射空间物体的第三方责任保险和其他相关保险[320]。在发射前，被许可人需提供第三方责任保险单和其他相关保险单的副本[321]。但是，《中国发射许可暂行办法》没有进一步对保险做出要求。因此，空间活动保险的法律框架并不完善[322]。

3.4.3.3 追索与责任

虽然有义务为空间活动投保，而且中国作为《外层空间条约》和《责任公约》的缔约国，了解自身的国际责任，但《中国发射许可暂行办法》中并未就追索权作出规定[323]。但是，中国的一般法规定了追索权，同样适用于空间活动。《中华人民共和国侵权责任法》规定，从事高危活动（如空间活动）的实体对该活动造成的损坏或伤害负有绝对责任[324]。由于《中华人民共和国侵权责任法》没有区分在地球和

[317] 《中国发射许可暂行办法》，第16节.
[318] 《中国发射许可暂行办法》，第16节.
[319] 《中国发射许可暂行办法》，第17节.
[320] 《中国发射许可暂行办法》，第19节.
[321] 《中国发射许可暂行办法》，第20节（b）节、第21节.
[322] 赵云，《中国国家空间法》（布里尔 | 奈霍夫出版社，2015），73.
[323] 赵云，《中国国家空间法》（布里尔 | 奈霍夫出版社，2015），83.
[324] 赵云，《中国国家空间法》（布里尔 | 奈霍夫出版社，2015），84.

外层空间造成的损坏，可以假设中国运营者的这种绝对责任也适用于对空间物体造成损坏的情况。

3.4.3.4 登记

为履行《登记公约》规定的义务，《中国登记管理办法》建立了国家登记制度[325]。国家登记制度的管理和维护由国防科学技术工业委员会负责[326]。根据《登记公约》第二条第二款，空间物体有多个发射国时，各国需选择其中一国对空间物体进行登记[327]。国家登记册的信息主要包括：登记编号、登记者、空间物体所有者、空间物体名称、空间物体基本特性、空间物体发射者、运载器名称、发射日期、发射场名称、空间物体基本轨道参数、空间物体的发射及入轨情况[328]。

空间物体应由空间物体所有者进行国内登记，有多个所有者的空间物体，由该物体主要所有人代表全体所有者进行登记[329]。当中国境内发射的空间物体的所有者为其他国家政府、法人、其他组织或自然人时，发射该空间物体的单位仍有义务进行国内登记[330]。空间物体的状态有重大改变（如轨道变化、解体、停止工作及再入大气层）时，空间物体登记者有义务进行变更登记[331]。为履行《登记公约》第四条规定的国际义务，中国通过外交部在国际上对空间物体进行登记，并将所需信息上报给联合国秘书长[332]。与空间物体的国家登记类似，中

---

[325] 《中国发射许可暂行办法》，第 6 节.
[326] 《中国发射许可暂行办法》，第 5、11 节.
[327] 《中国发射许可暂行办法》，第 5 节.
[328] 《中国发射许可暂行办法》，第 6 节.
[329] 《中国发射许可暂行办法》，第 7 节.
[330] 《中国发射许可暂行办法》，第 8 节.
[331] 《中国发射许可暂行办法》，第 9 节.
[332] 《中国发射许可暂行办法》，第 12、13 节.

国作为共同发射国的空间物体的国际登记，由外交部根据《登记公约》的有关规定与有关国家确定登记国[333]。

3.4.3.5 环境保护

《中国发射许可暂行办法》没有明确涉及环境保护，仅要求许可证申请人提交有关如何避免污染和空间碎片问题的补充材料[334]。虽然中国有环境保护法，但该法律未涉及外层空间。因此，不能确定该法规对空间活动是否适用[335]。在减缓空间碎片方面，中国已经颁布《空间碎片减缓与防护管理暂行办法》[336]。这些暂行办法包括与机构间空间碎片协调委员会（IADC）指南相同的技术标准，规定了提交文件，定期评估碰撞风险，在解体、碰撞或再入时提供应急预案的义务[337]。

3.4.3.6 法律执行

在空间活动进行期间，中国授权官员对活动进行监督和检查[338]。如果活动明显存在欺诈行为，被许可人将面临行政处罚[339]。若构成犯罪，将依法追究其刑事责任[340]。对未取得许可证擅自从事项目的自然人、法人或其他组织，将责令其停止非法活动[341]。与在申请或运营过程中弄虚作假或损害国家利益的活动一样，无证开展空间活动将受到

[333] 《中国发射许可暂行办法》，第14节.
[334] 《中国发射许可暂行办法》，第6（d）节.
[335] 赵云，《中国国家空间法》（布里尔丨奈霍夫出版社，2015），214.
[336] 赵云，《中国国家空间法》（布里尔丨奈霍夫出版社，2015），220.
[337] 赵云，《中国国家空间法》（布里尔丨奈霍夫出版社，2015），221.
[338] 《中国发射许可暂行办法》，第23节.
[339] 《中国发射许可暂行办法》，第24节.
[340] 《中国发射许可暂行办法》，第24节.
[341] 《中国发射许可暂行办法》，第25节.

行政处罚；构成犯罪的，将被追究刑事责任[342]。

3.5 比利时：2005 年《比利时空间活动法》

3.5.1 基本依据

比利时颁布了本国国家空间法规《比利时空间活动法》[343]，旨在遵守《外层空间条约》《营救协定》《责任公约》和《登记公约》规定的国际义务[344]。更深层的原因在于，自比利时首颗卫星发射以来，其空间活动不断发展[345]。比利时认为，有两项发展具有重要意义，即商业私营实体的增加以及从事符合公共利益的空间活动的政府间组织的私有化[346]。这两项发展导致国家无法管控空间活动，但同时还需要遵守国际义务[347]。因此，为了履行国际义务，私人实体的空间活动需遵守相关法规，以减小对国内法律秩序的影响，维护经济秩序和公共安全[348]。尽管在法规颁布时，比利时没有开展任何空间活动，但比利时预计各类空间活动很可能在比利时的管辖范围内进行，类似于和平号

---

[342] 《中国发射许可暂行办法》，第 25 节.

[343] 《空间物体的发射、飞行作业或制导活动法》2005 年 9 月 17 日，比利时，《官方公报》2005-11-16，2005011439）[以下简称：《比利时空间活动法》].

[344] 《关于空间物体的发射、飞行作业或制导活动的草案》，比利时众议院，2005 年 2 月 14 日，51 1607/001 文件，比利时，6、7 [以下简称：《比利时空间活动草案》] | 比利时已签署并批准了《外层空间条约》《营救协定》《责任公约》《登记公约》和《月球协定》，参见：联合国和平利用外层空间委员会法律小组委员会，《截至 2017 年 1 月 1 日与外层空间活动有关的国际协定的现状》（2017）联合国文件 A/AC. 105/C. 2/2017/CRP. 7，5.

[345] 《比利时空间活动草案》，5.

[346] 《比利时空间活动草案》，5.

[347] 《比利时空间活动草案》，5.

[348] 《比利时空间活动草案》，5.

公司（MirCorp）和新天公司（New Skies）在荷兰发射卫星、欧盟在布鲁塞尔开展空间活动[349]。制定该法规的目标是保证法律确定性，以吸引经验丰富的空间活动参与者，让他们在健康、平衡的环境中开展活动，并将声誉差的参与者排除在外，防止他们利用法律的漏洞[350]。

3.5.2　适用范围

该法规的属地管辖范围包括比利时境内自然人或法人开展的活动，或在比利时管辖权或监督权范围内的活动，或通过属于比利时国家财产或在比利时国家管辖或监督下的可动与不动产进行的活动[351]。此外，该法规规定，如果国际协定存在相关规定，无论活动在何处开展，其适用范围可以扩大到拥有比利时国籍的自然人或法人[352]。这一规定存在的原因是各国对《外层空间条约》第六条的解释不同。比利时解释说，《外层空间条约》第六条中的“国家活动”和“有关国家”与活动发生地有关，与开展空间活动的实体的国籍无关[353]。该观点的根本逻辑是相关国家需授权和持续监督空间活动，并且对活动进行管理，因为这些活动可能对人员、货物和环境的安全造成危害。比利时声称，只有在国家拥有属地管辖权的情况下，才能有效地监管空间活动[354]。

---

[349] 《比利时空间活动草案》，5－6 | 和平公司（MirCorp）是一家在荷兰注册成立的公司，提供前往俄罗斯和平号空间站（Mir）的旅行服务。和平公司以将 Dennis Tito 送达国际空间站而闻名。| 新天（New Skies）是一家提供卫星通信服务并拥有和运营卫星的荷兰公司，已被位于卢森堡的欧洲卫星公司收购 . <https：//www. bloomberg. com/research/stocks/private/snapshot. asp？privcapId＝528376>2017 年 11 月 1 日访问.

[350] 《比利时空间活动草案》，6.

[351] 《比利时空间活动法》，第 2（1）节 | 《比利时空间活动草案》，15.

[352] 《比利时空间活动法》，第 2（2）节.

[353] 《比利时空间活动草案》，15.

[354] 《比利时空间活动草案》，15.

相比之下，其他航天国家认为《外层空间条约》第六条的含义是，根据实体的国籍确定负责监管的国家[355]。比利时不承认这种较宽泛的责任范围，因为这会损害比利时的国家利益，会导致比利时无法对某些活动实施积极监管，却仍需承担相关责任[356]。不同的责任范围会造成监管空白，在比利时境外开展活动的比利时国民既不属于《比利时空间活动法》管辖范围，也不属于活动所在国的国家空间法规的范围，因为根据《外层空间条约》第六条，该国只对其国民负责。比利时表示，这一空白应通过受影响国家（自然人或法人的国籍国和活动所在国）之间的双边和多边协议填补[357]。这种双边协议还能防止发生类似海事法中“方便旗”的情况，即防止私人实体选择在法规更少更宽松的国家登记[358]。

该法规的实际范围涵盖空间物体的发射、飞行操作与导航活动[359]。发射活动的内容不言自明，因此，法规没有进一步解释。“飞行操作”和“导航活动”这两个术语的含义是，与空间物体在外层空间的定位、飞行条件、导航或进程有关的任何操作，例如弹道或轨道的选择、控制或调整[360]。最初的法规不包括弹道或轨道的定位或选择。该法规经过修订，反映了空间活动的最新进展[361]，特别是没有推进器，不能

---

[355] 《比利时空间活动草案》，15.

[356] 《比利时空间活动草案》，16.

[357] 《比利时空间活动草案》，16.

[358] 《比利时空间活动草案》，8.

[359] 《比利时空间活动法》，第2（1）节.

[360] 《比利时空间活动法》，第3节5.

[361] 《空间物体的发射、飞行作业或制导活动法修正法》（2005年9月17日），比利时，《官方公报》2014-01-15，2014021002［以下简称：《比利时修正法》］.

改变弹道或轨道的小卫星的发展[362]。

比利时制定了两种规范小卫星活动的方案。第一种方案规定了发射物体的实体和国家承担的责任和义务。然而，该方案将会导致比利时国家无法监督其领土内的小卫星活动，因为控制小卫星的私人实体在比利时领土上，而小卫星从其他国家的领土发射[363]。此外，还会导致发射国需授权并负责其他国家的空间物体，而该发射国与该空间物体没有任何利害关系，这种情况不应该出现[364]。比利时选择了第二种方案，通过确认比利时私人实体是否在某个时刻行使了有效控制权，确定比利时对卫星的监管权[365]。比利时规定，比利时私人实体向发射卫星的实体发出非制导卫星定位指令，即代表对非制导卫星进行有效控制[366]。同样，比利时修订了“运营者”和“有效控制”的定义，以反映这一变化[367]。现在，“运营者”包括了确定非制导卫星在外层空间位置的实体[368]。“有效控制”的含义从对空间物体的直接控制变为对空间物体的授权控制，以将小卫星包括其中[369]。

由于该法规仅适用于空间物体，“空间物体”一词最初被定义为任何向外层空间发射或计划发射的物体及其组成部分。为反映空间活动的最新进展，法规修正案改变了其定义。“空间物体”新定义涵盖

---

362 《比利时修正法》，5.
363 《比利时修正法》，10.
364 《比利时修正法》，10.
365 《比利时修正法》，10.
366 《比利时修正法》，10、11.
367 《比利时修正法》，5、21.
368 《比利时空间活动法》，第 3 节 2.
369 《比利时修正法》，5、21.

发射或计划发射的环绕地球或以外轨道的任何物体[370]，将此类物体送入轨道的每一种仪器（包括开发测试阶段）[371]，以及此类物体或仪器的所有组成部分[372]。比利时将亚轨道飞行定义为参数（高度、速度）低于将物体送入轨道所需参数的飞行[373,374]。因此，这个更改的目的是将亚轨道飞行排除在法规范围之外。而比利时对外层空间划界是个例外，其采用了功能方法，即根据活动和活动目标定义某活动是否为空间活动，亚轨道飞行就可能包括在空间活动中[375]。未发射到地球或以外轨道的物体不需要登记，因此这导致亚轨道飞行也无须登记，不属于空间活动[376]。比利时承认，关于亚轨道飞行被空间法、航空法还是另一制度规范的问题仍存在争议[377]。因为这个问题需要澄清，合适的制度尚待拟定，所以，亚轨道飞行不在法规范围内[378]。因此，由于不确定适用制度，比利时认为亚轨道飞行不是空间活动，且比利时目前还不想将亚轨道飞行纳入其国家空间法。

---

[370] 《比利时空间活动法》，第 3 节 1（a）.

[371] 《比利时空间活动法》，第 3 节 1（b）.

[372] 《比利时空间活动法》，第 3 节 1（c）.

[373] 2005 年 9 月 17 日《关于空间物体的发射、飞行作业或制导活动的修正法草案》，比利时众议院，2013 年 5 月 15 日，53 2814/001 文件，比利时，6［以下简称：《比利时修正法草案》］.

[374] 《比利时修正法草案》，3.

[375] 《比利时修正法草案》，7.

[376] 《比利时修正法草案》，9.

[377] 《比利时修正法草案》，7.

[378] 《比利时修正法草案》，7.

3.5.3　立法主要内容

3.5.3.1　许可

比利时法规的基本规定是实体获得活动的许可证后，方可进行空间活动[379]。采用许可证制度是为了履行《外层空间条约》第六条规定的授权和持续监督空间活动的国际义务[380]。许可证授予从事指定空间活动的特定运营者，原则上不可转让[381]。根据其适用的活动，许可证有不同的有效期限[382]。许可授予的默认要求是空间活动需遵守国际法，特别是遵守《外层空间条约》和比利时签署的其他条约规定的义务[383]。比利时皇家法令规定了进一步要求，除遵守国际法外，还涉及人员和货物安全、环境保护、利用空气空间和外层空间的最优方式，以及比利时战略、经济和金融利益的维护[384]。根据不同活动，还可以进一步设定特殊条件来保障上述需求。获得许可证还需满足以下特别条件：接受第三方技术专家协助、提交活动地点与许可证持有人信息、购买第三方保险，金额需足够赔偿活动造成的损失[385]。这些特殊条件可以在活动过程中修改[386]。一般而言，特殊条件与特殊情况有关，而皇家法令规定的要求适用于普遍情况，即适用于每项活动与每个许可证[387]。

---

[379] 《比利时空间活动法》，第 4（1）节 | 《比利时空间活动草案》，18.
[380] 《比利时空间活动草案》，8.
[381] 《比利时空间活动草案》，18.
[382] 《比利时空间活动法》，第 5（2）节.
[383] 《比利时空间活动法》，第 4（3）节 | 《比利时空间活动草案》，18.
[384] 《比利时空间活动法》，第 5（1）节.
[385] 《比利时空间活动法》，第 5（2）节.
[386] 《比利时空间活动法》，第 5（3）节.
[387] 《比利时空间活动草案》，18.

尽管已规定许可证不可转让[388]，但仍有例外情况。首先，只要实体拥有“有效控制权[389]”，就可以转让许可证[390]。如果“有效控制权”在另一实体手中，只要事先获得批准，就可以将许可证转让给第三方[391]。比利时承认转让许可证存在问题，因为有关国家负责授权和持续监督，发射国负责承担赔偿，登记空间物体的国家拥有管辖权[392]。当许可证被转让给比利时以外的第三方国家时，这些国际义务会受到影响。转让后，比利时失去了持续监督活动的权力，却仍需承担赔偿责任或成为登记国。因此，许可证原则上不可转让。比利时保留对活动的控制权，如果认为转让不符合比利时的国际义务，将禁止许可证转让。

向部长申请许可证时[393]，许可证申请人有义务提供以下内容[394]：

- 申请人/运营者资料介绍，包括过去开展的、现在进行的和未来计划的活动，以及技术、财务和司法保障；
- 空间活动的准确细致说明；
- 空间物体或一组空间物体的准确识别；
- 空间物体建造者的资料；
- 法规第 8 节第 2 款要求的环境研究；
- 执行太空任务人员信息；

---

[388] 《比利时空间活动法》，第 4（2）节.
[389] 《比利时空间活动法》，第 3 节 3.
[390] 《比利时空间活动草案》，28.
[391] 《比利时空间活动法》，第 13 节.
[392] 《比利时空间活动草案》，26、27.
[393] 《比利时空间活动法》，第 7（1）节.
[394] 《比利时空间活动法》，第 7（2）节.

- 太空任务辅助人员信息；
- 申请人认为有助于部长审查许可的任何其他信息。

部长可以进一步要求申请人提交其他必要信息，拒绝提交即代表申请人放弃申请[395]。部长还可以将法律、技术和经济方面可证实的信息作为补充，如申请人和建造者的可靠性、专业知识和实际经验，他们遵守法规的能力，以及申请人的偿债能力[396]。行政人员和专家可以随时考察申请人使用的设施和材料[397]，获得这种广泛的信息和访问权十分必要，以便部长掌握审核申请所需的全部信息[398]。

即使许可证已授予，国家也可以出于多种原因撤销或暂停许可证，例如，申请人拒绝让行政人员和专家进入[399]、不遵守一般或特殊条件、违反法规条例、存在其他危害公共秩序或人员与货物安全等原因[400]。危害公共秩序是指严重威胁到比利时人员和货物安全、公共卫生、环境或基本利益、安全或国防的行为[401]。这些撤销或暂停许可证的原因不在此进行详细说明。当许可证被撤销或暂停时，许可证持有人可以请求部长允许其采取过渡措施，以确保许可证持有人能够履行其合同义务[402]。随后的所有必要措施将确保业务相关的许可证持有人、员工、第三方、货物和环境的安全[403]。

---

[395] 《比利时空间活动法》，第 7（4）节.
[396] 《比利时空间活动法》，第 7（6）节.
[397] 《比利时空间活动法》，第 7（6）节.
[398] 《比利时空间活动草案》，19.
[399] 《比利时空间活动法》，第 10（4）节.
[400] 《比利时空间活动法》，第 11（1）节.
[401] 《比利时空间活动草案》，23.
[402] 《比利时空间活动法》，第 11（4）节.
[403] 《比利时空间活动法》，第 11（5）节.

3.5.3.2 保险

该法规不要求每项空间活动都购买保险，但部长可以将购买保险作为授予许可申请人许可证的条件[404]。法规中唯一涉及保险的内容是比利时将直接向保险公司索取赔偿[405]。虽然法规中购买保险只是额外规定，而非硬性要求，但购买保险可能是获得许可证的必要条件。若实体不购买保险，比利时将有可能承担私人实体造成的损害却无法追讨赔偿。法规条款指出，保险公司应如承诺所言，承担获准活动的所有可能损失。最后，该法规没有规定保险的最低额度。

3.5.3.3 追索权和责任

如果比利时对私人实体造成的损害承担赔偿责任，那法规将赋予比利时对损害赔偿的追索权[406]。比利时向许可证持有人或保险公司追索的权利[407]，在比利时根据《外层空间条约》第七条或《责任公约》认定有责任支付损害赔偿金时产生[408]。然而，比利时明确否认该条款意为将私人实体纳入国际责任制度。相反，是否将国际责任制度扩展到私人实体应在国际法法庭上决定[409]。损害评估遵守《责任公约》第十二条[410]，这意味着将就损害范围进行谈判，私人实体会参与其中[411]。如果是对比利时国民造成的损害，则将由专家组评估损害[412]。比利时

[404] 《比利时空间活动法》，第 5（2）节.
[405] 《比利时空间活动法》，第 15（7）节.
[406] 《比利时空间活动法》，第 15（1）节 | 《比利时空间活动草案》，11& 30.
[407] 《比利时空间活动法》，第 15（7）节.
[408] 《比利时空间活动草案》，30.
[409] 《比利时空间活动草案》，11.
[410] 《比利时空间活动草案》，30.
[411] 《比利时空间活动法》，第 15（2）节 1.
[412] 《比利时空间活动法》，第 15（2）节 2.

政府向被许可人追索的赔偿金额存在限制[413]，为实体申请许可前 3 年平均营业额的 10%，如果实体经营不满 3 年，则加上未来财年的预测营业额[414]。如果许可证持有人不遵守许可条件[415]，拒绝提供信息[416]，无证开展活动，或以虚假借口获得许可证，则取消追索金额限制[417]。

3.5.3.4　登记

根据《登记公约》，比利时建立了国家登记系统[418]。登记系统的重要性体现在三个方面：它根据《外层空间条约》第八条确立了对空间物体的管辖权和控制权[419]，它建立了发射国和空间物体事故的受害者之间的联系[420]，由于空间活动的私有化和商业化，它对保护私人实体的财产权也具有重要意义[421]。国家登记系统效仿国际登记系统，要求实体提供以下信息：其他发射国名称（若存在）；比利时国家登记号码；发射日期和国家或地点；基本轨道参数，包括交点周期、倾角、远地点和近地点；以及空间物体一般的功能[422]。此外，登记系统记录空间物体建造者、许可证持有人以及空间物体的组成部分和仪器[423]。

---

[413] 《比利时空间活动法》，第 15（3）节.

[414] 《关于执行空间物体的发射、飞行作业或制导活动法某些规定的皇家法令》（2005 年 9 月 17 日），《官方公报》2008－04－11，2008021031，比利时，第 11（1）节［以下简称：《比利时皇家执行法令》］.

[415] 《比利时空间活动法》，第 15（4）节.

[416] 《比利时空间活动法》，第 16（2）节.

[417] 《比利时空间活动法》，第 19（3）节.

[418] 《比利时空间活动草案》，28 | 《比利时空间活动法》，第 14（1）节.

[419] 《比利时空间活动草案》，9.

[420] 《比利时空间活动草案》，9.

[421] 《比利时空间活动草案》，10.

[422] 《比利时空间活动法》，第 14（2）节 2.

[423] 《比利时空间活动法》，第 14（2）节 4.

应在空间物体发射时进行登记[424]，若有任何变化，登记者应在 30 天内上报[425]。空间物体一旦完成登记，不得删除[426]。部长将信息上报给联合国秘书长，以进行国际登记[427]。

3.5.3.5 环境保护

比利时法规规定，该法规范围内的每项空间活动都需要对各个阶段进行环境影响评估[428]。正如在有关许可证的讨论中提到的，作为许可申请条件的一部分，该法规规定，实体需就活动对地球或外层空间环境影响进行初步研究和评估[429]。皇家法令中已规定了研究的内容。研究需要描述活动及其目标（重点是活动期间使用的技术、元件和产品），活动对地球环境（重点是发射地的自然和人文环境）和外层空间环境可能造成的影响及对二者的非技术性总结[430]。研究需考虑短期、中期和长期影响，应特别注意空间物体对地球影响的风险[431]。此外，若活动使用核动力源，申请人需填写特定的附录文件[432]。研究还要求申请人提供一份备忘录，其中包含可用的专门知识，员工的推荐信、学位证书和职称，申请人过去 3 年开展活动的摘要[433]，以及活动有关选址、实施方法和环境保护等替代方案的说明[434]。此外，如有必要，研

---

[424] 《比利时空间活动法》，第 14（2）节 7.
[425] 《比利时空间活动法》，第 14（2）节 8.
[426] 《比利时空间活动草案》，9、29.
[427] 《比利时空间活动法》，第 14（6）节.
[428] 《比利时空间活动法》，第 8（1）节.
[429] 《比利时空间活动法》，第 7（2）节 5；第 8（2）节.
[430] 《比利时皇家执行法令》，第 7（1）节.
[431] 《比利时皇家执行法令》，第 7（2）节.
[432] 《比利时皇家执行法令》，第 7（4）节.
[433] 《比利时皇家执行法令》，第 8（1）节，1.
[434] 《比利时皇家执行法令》，第 8（1）节，2.

究应包括对许可证持有人采取措施的描述，以及自然资源，特别是地球静止轨道的使用情况的说明[435]。最后，若有需要，实体应在活动期间和空间物体返回大气层时进行额外研究[436]。

3.5.3.6　法律执行

为监管许可证持有人是否遵守相关义务和条件，部长可以授权专家检查并控制空间活动[437]。专家有权限查阅任何文件、最新信息和空间活动直接或间接应用的领域[438]。此外，比利时组建了技术专家委员会协调控制和监督活动，就已有和未来的许可证申请条件提出建议，并检查空间活动地点[439]。若实体不遵守法规，无证进行空间活动或在申请许可证时故意提供虚假或不完整信息，将被处以 8 天至一年的监禁和（或）25 至 25000 欧元的罚款[440]。

3.5.3.7　意外

许可证持有人有义务告知空间物体的任何调整、故障或偏离，避免对地球上的人员、空中的飞机和其他空间物体造成危害或导致损失[441]。许可证持有人应自觉主动提供上述信息[442]。

3.5.3.8　空间物体的归还

根据《营救协定》规定的义务，比利时法规具体规范了空间物体

---

[435] 《比利时皇家执行法令》，第 8（2）节.
[436] 《比利时空间活动法》，第 8（4）节、第 8（5）节.
[437] 《比利时空间活动法》，第 10（1）节.
[438] 《比利时空间活动法》，第 10（2）节.
[439] 《比利时皇家执行法令》，第 2 节.
[440] 《比利时空间活动法》，第 19（1）节、第 19（2）节.
[441] 《比利时空间活动法》，第 16（1）节.
[442] 《比利时空间活动草案》，32.

的返还[443]。该法规保障在物体返还时或返还前，空间物体事故的任何受害者的权利[444]。如果受害者的权利未得到保障，比利时会特别保留拒绝将空间物体归还给所有者的权利[445]。

3.6 荷兰：2007年《荷兰空间活动法》

3.6.1 基本依据

在颁布《荷兰空间活动法》之前[446]，荷兰制定了其空间政策，其中指出荷兰的空间政策旨在“尽全力投资和利用全球空间活动基础设施的独特附加值，以促进社会、经济和科学进步”[447]。然而，关于商业和私人使用外层空间，该政策只考虑到促进空间基础设施和外层空间信息的利用[448]。《荷兰空间活动法》考虑了实际因素，对空间政策进行了详细说明[449]。法规的解释性备忘录解释称，制定国家空间法规的最重要目的是履行国际空间法规定的义务[450]，尤其是《外层空间条约》

---

[443] 《比利时空间活动草案》，33 | 《比利时空间活动法》，第17（1）节.

[444] 《比利时空间活动法》，第17（3）节.

[445] 《比利时空间活动草案》，33.

[446] 《关于批准外层空间活动和建立外层空间登记处的法案（空间活动法）》（2007年1月24日），荷兰［以下简称：《荷兰空间活动法》］.

[447] 《空间政策》，《议会文件Ⅱ》2004/05，24 446，27号，20（空间政策，荷兰）［以下简称：《荷兰空间政策》］.

[448] 《荷兰空间政策》，21.

[449] 2007年1月24日《关于批准外层空间活动和建立外层空间登记处法案（空间活动法）的解释性备忘录》，荷兰，《议会文件Ⅱ》，2005/06，30 609，3号［以下简称：《荷兰空间活动法解释性备忘录》］.

[450] 《荷兰空间活动法解释性备忘录》，3.

《责任公约》和《登记公约》规定的义务[451]。除了基本的考虑，颁布《荷兰空间活动法》的根本原因是空间活动的私人商业运营者的出现，以及政府间组织的私有化，例如，国际通信卫星组织（INTELSAT）、[452]欧洲通信卫星公司（EUTELSAT）[453]和国际海事卫星组织（INMARSAT）[454]开展的空间活动[455]。组织的私有化使荷兰政府担心失去其政府间地位，这些组织所在国的义务与赔偿责任会由荷兰承担[456]。因此，私人商业航天的出现，导致根据荷兰的国际义务制定空间活动法规尤为必要。除了上述主要原因外，荷兰颁布国家空间法规的另一个目的是，通过保证法律确定性，为私人商业实体开展空间活动创造一个稳定的环境[457]。总之，荷兰的目标是建立法律制度，以吸引希望开展空间活动的私人实体，同时通过严格的法律制度威慑不可靠的私人实体[458]。

---

[451] 荷兰签署并批准了《外层空间条约》《营救协定》《责任公约》《登记公约》和《月球协定》，参见：联合国和平利用外层空间委员会法律小组委员会，《截至 2017 年 1 月 1 日与外层空间活动有关的国际协定的现状》（2017）联合国文件 A/AC. 105/C. 2/2017/CRP. 7，9.

[452] 国际通信卫星组织是一家在美国注册成立的卫星公司，提供视频和宽带服务。该公司最初成立时为国际通信卫星组织，私有化后成为一家私营企业 . <http：//www. intelsat. com/aboutus/overview/>2017 年 11 月 1 日访问.

[453] 欧洲通信卫星公司是一家在法国注册成立的卫星通信公司。该公司最初成立时为欧洲电信卫星组织，但因私有化成为一家私营企业 . <http：//www. eutelsat. com/en/home. html> 2017 年 11 月 1 日访问.

[454] 国际海事卫星组织是一家在英国注册成立的卫星通信公司。该公司是国际海事卫星组织私有化的结果 . <https：//www. inmarsat. com/services/> 2017 年 11 月 1 日访问.

[455] 《荷兰空间活动法解释性备忘录》，1.

[456] 《荷兰空间活动法解释性备忘录》，1、2.

[457] 《荷兰空间活动法解释性备忘录》，2.

[458] 《荷兰空间活动法解释性备忘录》，3.

3.6.2 适用范围

该法规的属地范围是“在荷兰或来自荷兰领土的空间活动，以及在或从荷兰的船舶、飞机上开展的空间活动”[459]。定义中的荷兰领土包括加勒比特别行政区，即博奈尔、圣尤斯特歇斯和萨巴[460]，但不包括荷兰王国的自治领土，即阿鲁巴、库拉索和圣马丁。《荷兰空间活动法》的适用范围仅限于在荷兰的领土、船舶和飞机之上的活动，因为荷兰只有在能实际监督空间活动的情况下，才接受并承担国际责任[461]。荷兰意识到适用范围狭窄的潜在问题。因此，通过议会决议，将该法规的范围扩大到荷兰自然人或法人在或从非《外层空间条约》缔约国的领土、船舶或飞机开展的空间活动，或荷兰自然人或法人组织开展的空间活动[462]。因为荷兰会根据私人实体的国籍对空间活动负责，范围的扩大确保荷兰用最可行的方法遵守其国际义务，同时还可避免“方便旗”现象[463]。

如前所述，《荷兰空间活动法》适用于“空间活动”，其定义为空间物体的发射、飞行操作与导航活动，即发射或计划发射到外层空间[464]的任何物体[465]。具体什么活动能被视为空间物体的发射、飞行操作

---

[459] 《荷兰空间活动法》，第2（1）节.

[460] 《荷兰空间活动法》，第2a节.

[461] 《荷兰空间活动法解释性备忘录》，3、8、17.

[462] 《荷兰空间活动法》，第2（2）节.

[463] 《荷兰空间活动法解释性备忘录》，17 | 海事法中存在“方便旗”现象，私人实体在法规较少的国家注册其船舶，从而显著降低成本，参见：Frank Wiswall，“方便旗”，源自William Lovett（编）《美国航运政策和世界市场》（法定人数出版社，1996），108、109.

[464] 《荷兰空间活动法》，第1c节.

[465] 《荷兰空间活动法》，第1b节.

与导航活动，没有在法规中阐明。但是，备忘录说明了飞行操作指空间物体在飞行阶段的所有操作，即从发射到空间物体到达轨道最终位置之间的阶段[466]。空间物体的制导指控制空间物体的活动，例如调整、预防空间碎片和调节燃料水平[467]。因此，该法规针对的是实际的空间活动，而不是空间活动过程中进行的其他活动，如通信活动[468]。此类太空相关的活动通过单独的法规进行监管[469]。

由于荷兰境内开展的空间活动数量有限，该法规在制定之初就仅适用于一小部分的活动和实体[470]，仅限于商业通信卫星的运营活动。法规特别考虑到，由于荷兰的地理位置，从荷兰领土进行发射活动的机会几乎为零[471]。但法规仍将发射活动包括在使用范围内，因为此类活动有必要在国家空间法规中加以规范，并且荷兰未来有可能从船舶和飞机上进行发射[472]。自法规颁布以来，属地范围已扩大到加勒比特别行政区，其地理位置更适合开展空间活动[473]。考虑到该法规的适用范围已经包括发射活动，因此，扩大属地范围不会产生任何法规空白。

此外，该法规的条款宽泛且开放，一方面为私人实体开展空间活动制定了必要的法规，另一方面能够适应未来技术的发展，特别是在技术知识前沿领域的发展，在这些领域里，人们通常还不清楚哪些活

[466] 《荷兰空间活动法解释性备忘录》，9.
[467] 《荷兰空间活动法解释性备忘录》，9.
[468] 《荷兰空间活动法解释性备忘录》，1&16.
[469] 《荷兰电信规则法（电信法）》，(1998年10月19日)，Stb. 1998，610，荷兰.
[470] 《荷兰空间活动法解释性备忘录》，2.
[471] 《荷兰空间活动法解释性备忘录》，9.
[472] 《荷兰空间活动法解释性备忘录》，9.
[473] 博内尔岛、圣尤斯特歇斯岛和萨巴岛的特殊社区位于卡纳维拉尔角（肯尼迪航天中心）和库鲁（圭亚那空间中心）的纬度之间.

动在技术和资金上有可行性[474]。因此，该法规的关键点之一是创造灵活性，以适应空间活动的技术发展。其中一项技术发展是小型非制导卫星。《荷兰非制导卫星法令》[475] 填补了这一空白，扩展了空间活动的定义，使其涵盖使用通信链路控制非制导空间物体的活动[476]。这些活动包括“打开和关闭”卫星的通信，以防止受到干扰并检测其他干扰问题[477]。只要此类活动的连接从荷兰建立，非制导卫星就属于该法规的适用范围[478]。

在确定国家空间法规必要要素的背景下，备忘录对活动进行了区分。该备忘录区分了狭义上的太空中的活动，即完全发生在外层空间的活动，例如载人空间活动；广义上的太空中的活动，即在地球上进行但其结果发生在外层空间的活动，例如空间物体的操作和导航活动；广义上的空间活动，即以上两种活动和不仅发生在外层空间的活动结果，例如空间物体的发射[479]。备忘录认为，虽然广义上的太空中的活动和广义上的空间活动从属于属地管辖权，但狭义上的太空中的活动只能通过准属地和属人管辖权进行监管[480]。备忘录明确承认，其他国家基于运营者的国籍进行管辖，其管辖权范围更加宽广[481]。然而，考

---

[474] 《荷兰空间活动法解释性备忘录》，2.

[475] 《扩大空间活动法范围以包括控制非制导卫星的法令（非制导卫星法令）》（2015 年 1 月 19 日），Stb. 2015，18，荷兰）[以下简称：《荷兰非制导卫星法令》].

[476] 《荷兰非制导卫星法令》，第 1 节.

[477] 《扩大空间活动法范围以包括控制非制导卫星的法令（非制导卫星法令）的解释性备忘录》（2015 年 1 月 19 日），5、6，Stb. 2015，18，荷兰）[以下简称：《荷兰非制导卫星法令解释性备忘录》].

[478] 《荷兰非制导卫星法令解释性备忘录》，6.

[479] 《荷兰空间活动法解释性备忘录》，3.

[480] 《荷兰空间活动法解释性备忘录》，4、6.

[481] 《荷兰空间活动法解释性备忘录》，9.

虑到宽泛管辖权产生的后果，例如与进行有效监管相比，在这种管辖方法下，空间活动的国际责任将不成比例地增加，使用这种管辖权被认为是不合理的[482]。因此，荷兰限制了法规对管辖权内活动的适用范围。

3.6.3　立法主要内容

3.6.3.1　许可

《荷兰空间活动法》最重要的部分是许可证制度[483]。许可证制度的基本规则是，实体获得许可证后，方可开展空间活动[484]。由于空间活动的多样性和事前审查的必要性，荷兰选择实行许可证制度[485]。空间活动种类繁多，制定普遍规则有些不切实际，导致荷兰必然要实行许可证制度。因承担了在国家空间活动的义务和赔偿责任，所以荷兰选择事前审查。荷兰承担的风险金额可能高达数亿欧元。事前审查空间活动可以降低这种风险[486]。荷兰政府开展的空间活动不受许可证制度管辖[487]，因为联合国空间条约的义务和赔偿责任制度直接适用于政府的活动[488]。

荷兰许可证制度的潜在逻辑是，政府不必为每个空间物体授予许

---

[482] 《荷兰空间活动法解释性备忘录》，9.

[483] 《荷兰空间活动法》，第 2 章 ｜《非制导卫星法令解释性备忘录》，1.

[484] 《荷兰空间活动法》，第 3（1）节 ｜《非制导卫星法令解释性备忘录》，17 ｜ 经济事务部的电信代理机构负责切实执行《荷兰空间活动法》，参见：《荷兰空间活动法解释性备忘录》，2007、11.

[485] 《荷兰空间活动法解释性备忘录》，10.

[486] 《荷兰空间活动法解释性备忘录》，10.

[487] 《荷兰空间活动法》，第 3（2）节.

[488] 《荷兰空间活动法解释性备忘录》，17.

可证，而是为从事规定活动的公司或机构授予许可证[489]。只要空间活动在规定范围内，公司或机构就能得到从事活动的许可。这个制度使政府不必考虑哪些活动应属于规定范围[490]。荷兰认为需明确说明活动的目的和活动开始的时间，[491] 以指明许可证内容并防止实体得到许可证后，将其用于其他活动[492]。

《荷兰空间活动法》阐述了拒绝授予许可的理由，分为强制理由与酌情理由，这些理由基本上是私人实体获得许可需要遵守的基本要求[493]。荷兰将出于以下目的拒绝授予许可证：为遵守国际机构的条约或具有法律约束力的决定；为保障人员和货物的安全，保护外层空间环境，保护公共秩序或国家安全；为避免接受许可证的实体违反法规条例[494]。荷兰将由于以下原因酌情拒绝授予许可证：申请人先前的许可证因违背法规、许可证要求或规定义务而被吊销；申请人不遵守法规；有理由相信申请人未来不会遵守法规；拒绝授予许可有利于保护国家利益[495]。

荷兰承认许可证具有经济价值，所以实体很可能进行许可证交易，但许可证是根据申请人特性授予的。因此，规定许可证不可转让[496]，以防许可证市场出现。避免遵守荷兰规定的公司申请许可证，然后将

---

[489] 《荷兰空间活动法解释性备忘录》，10 | 《荷兰空间活动法》，第 3（5）节和第 3（6）节.

[490] 《荷兰空间活动法解释性备忘录》，10.

[491] 《荷兰空间活动法》，第 3（5）节.

[492] 《荷兰空间活动法解释性备忘录》，10.

[493] 《荷兰空间活动法解释性备忘录》，19.

[494] 《荷兰空间活动法》，第 6（1）节.

[495] 《荷兰空间活动法》，第 6（2）节.

[496] 《荷兰空间活动法》，第 8 节 | 《荷兰空间活动法解释性备忘录》，20.

许可证转让给其他公司并收取费用。

《荷兰空间活动法》规定，许可证申请必须提交给经济事务部部长，部长可以对申请程序和许可证要求进行进一步规定[497]。一般而言，部长提出的规定和限制是有关于人员和货物安全、外层空间环境保护、金融安全、公共秩序保护、国家安全和荷兰国际义务的履行[498]。

《荷兰空间活动许可申请和登记令》[499] 详细说明了申请许可证的程序和要求，该命令在《荷兰空间活动许可申请修正令》中进行了修订[500]。私人实体需在申请许可证时提供以下信息：空间活动的完整信息，包括申请人开展空间活动的知识和经验、相关技术信息、责任险保险单的文件证明、财务文件和关于频率使用授权的证明[501]。提供这些信息的目的是确保空间活动的安全[502]。空间活动的信息包括业务和项目计划，以证明申请人的知识和经验[503]。申请人的知识和经验包括申请人自己的知识和经验，或知识提供者的信息，只要证明在空间活动进行过程中可以随时获得其知识和经验即可[504]。需提供的相关技术信息的重点是“空间碎片减缓计划”，法规的其他部分没有提及该计

---

[497] 《荷兰空间活动法》，第 4 节.

[498] 《荷兰空间活动法》，第 3（3）节.

[499] 《经济事务部长关于执行空间活动的许可证申请和空间物体登记的规则令》（2008 年 2 月 7 日），WJZ 7119929 号《政府公报》，36 号［以下简称：《荷兰空间活动许可申请和登记令》］.

[500] 《经济事务部长关于与申请表有关的空间活动许可申请和登记的修正令》（2015 年 6 月 26 日），WJZ/15055654 号《政府公报》，18095 号，荷兰［以下简称：《荷兰空间活动许可申请修正令》］.

[501] 《荷兰空间活动许可申请修正令》，第 2（2）条.

[502] 《荷兰空间活动法解释性备忘录》，19.

[503] 《荷兰空间活动许可申请修正令的解释》，6.

[504] 《荷兰空间活动许可申请修正令的解释》，6.

划[505]。要求提供财务文件的主要原因是评估申请人是否有足够的财务保障，以确保持续开展空间活动[506]。

此外，该法规允许更改或撤销许可证。更改和撤销的理由同样分为强制和酌情理由。强制撤销理由包括：许可证持有人请求撤销、需要遵守国际机构条约或具有约束力的决定、许可证继续生效会危及人员和货物的安全、外层空间环境和公共秩序或国家安全[507]。酌情撤销或修改的理由[508]包括：违反法规规则或许可证相关规定、空间活动未在期限内开始、申请许可证的目的发生重大变化、技术或财务能力发生重大变化、提供的信息或文件不正确或不完整，或有必要保护国家利益[509]。技术和财务方面发生重大变化的可能指人才离职或许可证持有人无法继续进行活动[510]。撤销许可证的重要限制条件是，在撤销之前，实体需要采取措施以确保空间活动的安全[511]。

3.6.3.2 保险

获得许可证的基本要求之一是私人实体必须购买保险并续保[512]。保险是对根据许可证进行空间活动所产生赔偿责任的最大可能保障[513]。根据《外层空间条约》第七条和《责任公约》，保险是荷兰能够获得

---

[505] 《荷兰空间活动许可申请修正令的解释》，6.
[506] 《荷兰空间活动许可申请修正令的解释》，6.
[507] 《荷兰空间活动法》，第7（1）节.
[508] 《荷兰空间活动法》，第7（4）节.
[509] 《荷兰空间活动法》，第7（2）节.
[510] 《荷兰空间活动法解释性备忘录》，20.
[511] 《荷兰空间活动法》，第7（3）节.
[512] 《荷兰空间活动法》，第3（4）节.
[513] 《荷兰空间活动法》，第3（4）节 ｜ 《荷兰空间活动法解释性备忘录》，11.

损害赔偿或至少大部分赔偿的先决条件[514]。为了确定最高保险金额，需要注意相关市场，了解空间活动的类型，以及风险和太空保险领域专家的建议[515]。

3.6.3.3　追索与责任

即使活动是由私人实体开展的，空间物体造成的损害需由国家承担赔偿责任[516]。荷兰不太可能被视为大多数法规范围内空间活动的发射国[517]。荷兰不太可能发射或促成发射空间物体的原因是，荷兰的地形不利于开展发射活动。因此，从荷兰的设施发射物体是荷兰成为发射国的唯一可能。然而，荷兰对“发射国”一词的解释并未被国际法普遍接受。相反，大多数国家认为，国家的国民促成发射活动才使该国成为“发射国”[518]。所以，荷兰国民促成发射活动将使荷兰成为该空间物体的发射国之一。然而，荷兰不认为自己是此类空间物体的发射国，因此，对该空间物体造成的损害，不应承担国际赔偿责任[519]。至于赔偿责任制度中包含的损害种类，荷兰认为只包含由空间物体物理碰撞造成的直接损害[520]。

荷兰对私人实体开展活动造成损害的赔偿责任导致追索权被纳入法规中。荷兰有权从造成损害的私人实体处获得全部或部分损害赔

---

[514] 《荷兰空间活动法解释性备忘录》，11、18.

[515] 《荷兰空间活动法解释性备忘录》，11、18.

[516] 《荷兰空间活动法解释性备忘录》，5.

[517] 《荷兰空间活动法解释性备忘录》，6.

[518] Frans von der Dunk，“国际空间法”，源自 Frans von der Dunk 与 Fabio Tronchetti（编）《空间法手册》（爱德华・埃尔加出版社，2015），83.

[519] 《荷兰空间活动法解释性备忘录》，12.

[520] 《荷兰空间活动法解释性备忘录》，6.

偿[521]。根据《外层空间条约》第七条或《责任公约》，一旦荷兰有责任支付损害赔偿金，许可证持有者和非许可证持有者都拥有追索权[522]。被许可人仅承担保险金额内的损害赔偿金，且荷兰行使其追索权也不能超过保险金额[523]。最后，荷兰可以直接向保险公司行使追索权，追索金额不超过最高保险金额[524]。

3.6.3.4 登记

为履行《登记公约》的义务，《荷兰空间活动法》建立了登记制度，由经济事务部部长负责管理[525]。登记制度的主要目的是确定空间物体在外层空间的位置，以及哪个国家应对空间物体造成的损害承担赔偿责任[526]。

《荷兰空间物体登记法令》要求登记人提供真实信息进行登记[527]。登记册分为联合国登记册（用于登记国为荷兰的空间物体）[528] 和国家登记册[529]（适用于在法规范围内但不在联合国登记册上的所有空间物体[530]）。例如，根据荷兰法律或荷兰法律秩序，由法人控制的卫星就在国家登记册上登记，通常这些卫星的所有权和控制权在卫星到达预定轨道后才被交付。登记者需要提供的空间物体的信息包括：物体的名

---

[521] 《荷兰空间活动法》，第 12（1）节.

[522] 《荷兰空间活动法解释性备忘录》，21.

[523] 《荷兰空间活动法》，第 12（2）、（3）节.

[524] 《荷兰空间活动法解释性备忘录》，22.

[525] 《荷兰空间活动法》，第 11 节.

[526] 《荷兰空间活动法解释性备忘录》，7.

[527] 2007 年 11 月 13 日《关于空间物体信息登记规则的法令（空间物体登记规则）》Stb. 2007，475，荷兰 [以下简称：《荷兰空间物体登记法令》].

[528] 《荷兰空间物体登记法令》，第 2（2）节 | 《登记公约》，第 1 条（c）款.

[529] 《荷兰空间物体登记法令》，第 2（1）节.

[530] 《荷兰空间物体登记法令》，第 2（3）节.

称、功能、轨道参数、发射国和发射地点、预计和实际发射日期、预计和实际退役日期、许可证持有人信息和部长要求的其他信息[531]。这些信息与《登记公约》第四条要求提供的信息类似[532]。可要求登记人进一步提供信息以证实上述信息[533]。即使空间物体已被送入退役轨道，空间物体登记信息将保留在登记册中[534]。这是为了确保在空间物体退役之后依旧能确定责任和赔偿义务[535]。

对于其他国家发射且荷兰实体通过在轨交付方式拥有控制权的空间物体，荷兰认为自己不是发射国[536]。这个观点的依据是，荷兰对这类空间物体的发射没有管辖权或控制权，即荷兰不需要对这类空间物体进行国际登记[537]。然而，主要发射国也不认为自己是这些空间物体的发射国[538]。因此，尽管这些物体被登记在国家登记册中，但荷兰或从其领土发射空间物体的国家不会在联合国登记册中登记。这种方法可能会导致某些空间物体未能得到登记，这种做法引起了人们的担忧[539]。

3.6.3.5　环境保护

根据《荷兰空间活动法》，获得许可的基本要求之一是该活动不

---

[531] 《荷兰空间物体登记法令》，第3节.

[532] 《荷兰空间活动法解释性备忘录》，12.

[533] 《荷兰空间物体登记法令》，第4（3）节.

[534] 《荷兰空间物体登记法令》，第7节.

[535] 《荷兰空间物体登记法令解释》，7.

[536] 《荷兰空间活动法解释性备忘录》，12.

[537] 《荷兰空间活动法解释性备忘录》，12.

[538] 《荷兰空间活动法解释性备忘录》，12.

[539] Irmgard Marboe，“国家空间法”，源自Frans von der Dunk与Fabio Tronchetti《空间法手册》（爱德华·埃尔加出版社 2015），163－164.

得危害外层空间环境[540]。此外，许可证的条件也与保护外层空间环境有关[541]。最后，根据提供相关技术信息的义务，申请人需要提交空间碎片减缓计划[542]。但荷兰国家空间法规中没有阐述更深刻或更详细的相关条例。

3.6.3.6 法律执行

《荷兰空间活动法》第 5 章对法规执行进行了规定。法规规定由经济事务部的电信署负责监管[543]。行政命令可以确保私人实体持证开展空间活动，遵守规定和限制，购买保险，听从政府指示，预防事故发生，降低事故影响，向政府报告事故信息，提供登记所需的信息，配合政府机构监管[544]。《荷兰一般行政法法案》还授予经济事务部部长发布禁止令的权力[545]。最后，若实体违背上述义务，可能受到行政处罚，罚款金额取 450000 欧元与实体在荷兰年营业额的 10%之间较高者[546]。拒绝提供登记所需信息的实体，最多可处以 100000 欧元的行政罚款[547]。

3.6.3.7 事故

最后，法规规定了被许可人在发生事故或灾难时的义务。被许可人有义务预防事故发生，在无法阻止事故发生的情况下，需降低对人

---

[540] 《荷兰空间活动法》，第 6（1）节 b.
[541] 《荷兰空间活动法》，第 3（3）节 b.
[542] 《荷兰空间活动许可申请修正令的解释》，6.
[543] 《荷兰空间活动法》，第 13 节 | 《荷兰空间活动法解释性备忘录》，22.
[544] 《荷兰空间活动法》，第 14 节.
[545] 《荷兰空间活动法解释性备忘录》，22.
[546] 《荷兰空间活动法》，第 15（1）节.
[547] 《荷兰空间活动法》，第 15（2）节.

员和货物安全、外层空间环境、公共秩序或国家安全的影响[548]。法规进一步规定，被许可人应尽快告知事故的原因和情况，事件性质和严重性，为防止、减轻或纠正事故后果而采取或考虑的措施，以及为预防类似事故而采取或考虑的措施[549]。法规规定了告知义务，以便荷兰履行条约中的义务，与在事件发生时进行相关活动的其他国家合作[550]。虽然没有具体解释，但这个义务似乎是指《外层空间条约》第九条规定的义务，特别是"在外层空间（包括月球和其他天体）进行的一切活动，应妥善照顾其他缔约国的同等利益"的义务。

3.7　法国：2008 年《法国空间活动法》

3.7.1　基本依据

法国虽然拥有庞大的航天业[551]，但直到 2008 年才通过了一个全面的国家空间活动法律框架——《法国空间活动法》[552]。法国制定国家空间法规的首要目的是，希望为开展空间活动的私人实体提供法律依据[553]。法国希望通过制定空间活动相关法规取得两个成果：一是鼓励

---

[548] 《荷兰空间活动法》，第 10（1）节.

[549] 《荷兰空间活动法》，第 10（2）节.

[550] 《荷兰空间活动法解释性备忘录》，21.

[551] Pierre Lasbordes，《代表经济事务、环境和规划委员会报告参议院通过的关于空间运营的法案》（n°614），N°775，2008 年 4 月 2 日，7，法国［以下简称：《法国空间活动法案报告》］.

[552] 《关于空间活动的第 2008－518 号法案》（2008 年 6 月 3 日），NOR：ESR0700048L，法国［以下简称：《法国空间活动法》］.

[553] 《法国空间活动法案报告》，16.

私人实体开展空间活动[554]，二是为法国航天业赋予“法律竞争力”[555]。这种“法律竞争力”包括一个法律框架，旨在允许私人实体在法国管辖范围内开展空间活动，从而扩大法国航天业规模，增加对法国航天业的投资。随着空间活动，特别是私人实体开展的空间活动不断增多、壮大，法国希望进一步提高在该领域的竞争力[556]。另外，如果没有相应的法律框架，私人实体就无法在充足的法律依据下开展空间活动[557]。除上述原因外，该法案的总体目标还包括确保私人实体开展的空间活动符合法国应承担的国际义务[558]。

3.7.2 适用范围

《法国空间活动法》旨在规范一系列空间活动，包括发射或拟发射外层空间物体、控制外层空间物体，以及控制外层空间物体返回地球等[559]。不过，法案范围因开展的活动而异。在空间物体发射或拟发射以及空间物体返回地球方面，该法案适用于所有运营商，即适用于所有负责独立开展空间活动的自然人或法人[560]，无论国籍，只要是在法国领土或在法国管辖范围内的设施中开展相关活动的自然人或法人

[554] 《法国空间活动法案报告》，16.

[555] 《法国空间活动法案报告》，16.

[556] 《法国空间活动法案报告》，7.

[557] 《法国空间活动法案报告》，16.

[558] 《法国空间活动法案报告》，26、27 | 法国已批准《外层空间条约》《营救协定》《责任公约》《登记公约》并签署了《月球协定》，参见：联合国和平利用外层空间委员会法律小组委员会，《截至 2017 年 1 月 1 日与外层空间活动有关的国际协定的现状》（2017）联合国文件 A/AC. 105/C. 2/2017/CRP. 7，7.

[559] 《法国空间活动法》，第 1 节 3.

[560] 《法国空间活动法》，第 1 节 2.

均应遵守该法案[561]。此外，该法案还适用于所有在法国领土外开展这些活动的法国运营商，他们无论是在外国领土上、外国管辖范围内，还是在法国管辖范围外的任何地区，都需遵守该法案[562]。所有总部位于法国领土上的法国自然人或法人，无论是否是运营商，只要他们打算发射空间物体，都应依据本法案，所有计划控制外层空间物体的法国运营商也应依据本法案[563]。这些规定旨在确保空间活动符合法国的国际义务，即法国需遵循《外层空间条约》第六条的规定，授权法国自然人或法人发射空间物体或授权法国运营商控制空间物体，并对他们进行持续监督[564]。该法案的另一个目的是，将许可制度范围扩大到所有涉及法国责任的活动[565]。

3.7.3　立法主要内容

3.7.3.1　许可

《法国空间活动法》的主要原则是，只能在事先获得行政当局授权的情况下开展空间活动[566]。法国之所以制定许可制度，是为了履行国际义务，授权并持续监督非政府空间活动[567]。但是，法国也认识到，从本质上讲，空间活动会给人员和货物安全带来风险，尽管风险的可

---

[561] 《法国空间活动法》，第 2 节 1.
[562] 《法国空间活动法》，第 2 节 2.
[563] 《法国空间活动法》，第 2 节 3.
[564] 《法国空间活动法案报告》，27、28.
[565] 《法国空间活动法案报告》，27.
[566] 《法国空间活动法》，第 2 节.
[567] 《法国空间活动法案报告》，26、27.

能性较低[568]。因此，在早期对空间活动进行监督能有效排除潜在风险[569]。

在获得行政当局授权之前，运营商或法国国民需遵守法案中规定的若干条件[570]。首先，申请人及其利益相关方应根据需要提供道德保证，即展现领导层的突出能力以及以往活动的积极成果[571]，表明其有能力为空间活动提供经济保障，具有开展空间活动所需的专业知识和能力，并将按照后续法规中的技术规定开展空间活动[572]。要想获得许可证，需遵循当局制定的进一步要求，这些要求旨在确保人员和货物安全、保障公众健康和环境卫生，特别是限制空间碎片构成的威胁、保护国家安全利益和履行法国的国际义务[573]。但是，如果拟议的空间活动，特别是空间物体，损害法国的国家安全利益或违反国际义务，而且补充要求都无法避免这种冲突，那么，行政当局将拒绝发放相关许可证[574]。

因此，该法案虽然只规定了一般情况，但允许并预见到需要由法国最高行政法院颁布法令来详细说明和设定授权的具体要求及条件[575]。《法国授权法令》对这些要求和条件作出了明确规定[576]。许可证申请人

---

[568] 《法国空间活动法案报告》，26.
[569] 《法国空间活动法案报告》，26.
[570] 《法国空间活动法》，第 4 节.
[571] 《法国空间活动法案报告》，29.
[572] 《法国空间活动法》，第 4 节 | 《法国空间活动法案报告》，29.
[573] 《法国空间活动法》，第 5 节.
[574] 《法国空间活动法》，第 4 节.
[575] 《法国空间活动法》，第 1－4 节.
[576] 2009 年 6 月 9 日第 2009-643 号法令，涉及 2008 年 6 月 3 日关于空间工作的第 2008－518 号法令的授权，NOR：ESRR0825834D，法国［以下简称：《法国授权法令》］.

需要提供有关申请人的详细信息，供当局评估申请人是否有道德、财务和专业保障的文件（声誉情况、有无个人破产情况、申请人的财务状况、企业的质量管理体系、工作人员的资格和训练政策），有关空间活动财务保障的性质、金额和期限的详细信息[577]。此外，申请人必须提供一系列技术信息，包括对空间活动、拟采用系统和拟开展活动的描述；有关遵守技术法规、内部标准和质量管理要求的一般通知；为确保人员和货物安全、保障公众健康和环境卫生而采取的所有措施，包括危险研究和风险评估等；环境影响评价和防止不利环境影响的措施，限制空间活动风险的措施，以及拟议的危害减缓措施[578]。

《法国技术法规法令》中对运营商应遵守的上述技术规范作了进一步规定，该法令的第二和第三部分分别列出了有关空间物体发射和空间物体控制与返回的技术规范[579]。本章将不对各项技术规范一一列举，而是重点介绍与环境和空间碎片有关的技术规范。

与其他大多数国家不同，法国在国家空间法规中专门对运营商的空间数据利用活动作出了规定，其中运营商包括所有提供对地观测卫星运行计划或接收对地观测数据的自然人或法人[580]。如果运营商使用的空间数据具有某些技术特征，那么运营商必须获得相应权限，根据

---

[577] 《法国授权法令》，第1（Ⅰ）节.

[578] 《法国授权法令》，第1（Ⅱ）节.

[579] 《2011年3月31日有关根据2009年6月9日第2009-643号法令就运用2008年6月3日关于空间活动的第2008-518号法令所获授权的技术法规法令》，NOR：ESRR1103737A，法国［以下简称：《法国技术法规法令》］.

[580] 《法国空间活动法》，第1节7.

2009年6月9日第2009－640号法令的规定[581]，此类数据至少包括由全色光学传感器、多光谱光学传感器、立体光学传感器、红外传感器和雷达传感器获得的空间数据[582]。当局随后将评估空间活动是否会损害法国在国家安全、外交政策和国际义务方面的基本利益，以及是否有保护这些基本利益的必要措施[583]。此类措施可能包括：在有限可延长期内全部或部分暂停使用或接收空间数据，在有限可延长期内推迟使用、接收或制作图像，永久禁止使用或接收空间数据，限制数据的技术质量，限制可观测区域的地理范围等[584]。不能全面了解或遵守规定措施的运营商将被处以最高20万欧元的罚款[585]。

当在外国领土或管辖范围内开展空间活动时，申请人必须提供相关文件，证明该国的国家法规、国际义务和相关做法能充分确保人员和货物安全、保障公众健康和环境卫生[586]。一旦这些保障措施得到证实，申请人便可被免除《法国空间活动法》和《法国授权法令》中规定的其他全部或部分条件[587]。

许可证的授予期限有限，仅限于空间活动进行期间[588]。然而，如果在许可证授予10年后，空间活动仍未启动，那么许可证授权将到

---

[581] 《法国空间活动法》，第23节 | 《2009年6月9日第2009－640号执行2008年6月3日关于空间活动的第2008－518号法令第七条规定的法令》，第1节，NOR：PRMX0830126D，法国［以下简称：《法国实施第七条规定的法令》］.

[582] 《法国实施第七条规定的法令》，第1节.

[583] 《法国空间活动法》，第24节.

[584] 《法国实施第七条规定的法令》，第5节.

[585] 《法国空间活动法》，第25节.

[586] 《法国授权法令》，第12节 | 《法国空间活动法》，第4节4.

[587] 《法国空间活动法》，第4节，4.

[588] 《法国授权法令》，第5节.

期[589]。此外，许可证因活动而异，特定的空间活动对应特定的许可证[590]。在获得许可证后，运营商需要将注意到的所有新情况通知给当局[591]。如果新情况会增加对人员和货物安全、公众健康和环境卫生的威胁，那么当局将在必要情况下修改许可证，或酌情要求运营商提交新的申请[592]。

在出现以下任意一种情况时，部长有权吊销或暂停许可证：其一，许可证是基于虚假信息授予的；其二，保留许可证会损害法国的国家安全或不利于法国履行国际义务；其三，运营商不遵守许可证规定的要求和条件[593]。当许可证被吊销或暂停后，运营商有义务采取措施防止空间物体造成损害[594]。

《法国空间活动法》允许转让根据相关要求获得的许可证，但需要获得类似于初始许可证授权的事先授权[595]。此外，对于最初不属于法案适用范围内的空间物体，该法案考虑了法国运营商接管该空间物体控制权的可能性。例如，外国运营商在外国领土或外国管辖范围内发射的卫星不在该法案的适用范围内。不过，一旦法国运营商接管了该卫星的控制权，法国政府将负责且有义务授权并持续监督《外层空间条约》第六条规定的活动。因此，法案专门规定，此类转让需要获得事先授权。拥有以及接管许可证的运营商均需提交许可证转让申

---

[589] 《法国授权法令》，第5节.
[590] 《法国授权法令》，第10节.
[591] 《法国授权法令》，第7节.
[592] 《法国授权法令》，第7节.
[593] 《法国空间活动法》，第9节 | 《法国授权法令》，第15节.
[594] 《法国空间活动法》，第9节.
[595] 《法国空间活动法》，第3节.

请[596]。如果是将许可证转让给法案适用范围外的运营商，即转让给非法国运营商，应由持有许可证的运营商提交空间物体转让申请[597]。运营商需提供文件说明空间物体的性质，证明新运营商不受《法国空间活动法》的约束，并保证空间物体在转让完成后将被登记在案，同时联合国秘书长会获悉转让情况[598]。该条款后半部分规定了转让完成后的空间物体登记要求，以阐明法国对转让后空间物体的责任。如果空间物体在转让完成后未被登记在案，那么法国虽然不再对运营商享有控制权或管辖权，却仍将对空间物体造成的损害承担国际责任。

3.7.3.2 保险

所有空间活动运营商都必须投保或获得其他经批准的财务担保[599]。这样做的目的是确保运营商在空间物体造成损害时保有偿付能力[600]。在空间活动的发射阶段和控制阶段，该保险或财务担保所涵盖的金额有限，具体限度因活动而异[601]。经批准的财务担保包括信用机构或保险公司的书面承诺、连带保证、“见索即付”保函或流动资产[602]。保险或财务担保必须至少涵盖对第三方可能因空间活动和空间物体遭受的损害的赔偿[603]。运营商因保险市场状况确定不可能投保或者获得资金担保的，可以免除一定期限内投保或者提供资金担保的义务[604]。此外，

---

596 《法国授权法令》，第 14（Ⅰ）节.
597 《法国授权法令》，第 14（Ⅱ）节.
598 《法国授权法令》，第 14（Ⅱ）节.
599 《法国空间活动法》，第 6（Ⅰ）节.
600 《法国空间活动法案报告》，32.
601 《法国空间活动法》，第 16、17 节.
602 《法国授权法令》，第 16 节.
603 《法国空间活动法》，第 6（Ⅱ）节.
604 《法国授权法令》，第 17 节.

如果空间活动只是将卫星在地球静止轨道上保持一定时间，那么运营商也不必履行上述义务[605]。但是，每次改变卫星轨道或操纵卫星时，运营商必须购买必要的保险或获得必要的财务担保[606]。

3.7.3.3 追索与责任

《法国空间活动法》包含详尽的责任和追索制度。该制度的主要规则是基于《外层空间条约》第七条和《责任公约》[607]，即运营商应对空间物体造成的损害承担责任[608]。如果空间物体在飞行过程中对地面或飞机造成了损害，运营商负有绝对责任。如果是在其他过程中造成的损害，运营商负有过失责任。如果损害是由受害人的过失造成的，则运营商承担少量责任或不承担责任[609]。此外，除非运营商有重大过失，如果运营商遵守了许可证规定的所有要求和条件或事故已过去一年时间，则无须承担责任。

只要法国没有通过保险或财务担保获得追索权，那么追索权的有效期仅限于法国根据《外层空间条约》或《责任公约》支付赔偿金时[610]。如果损害不是因为运营商的故意过失造成的，那么法国寻求追索的金额将维持在一定限度内[611]，许可证中分别针对空间活动的发射阶段和控制阶段确定了资金限额[612]。例如，阿丽亚娜空间公司发射的

---

[605] 《法国授权法令》，第18节.
[606] 《法国授权法令》，第18节.
[607] 《法国空间活动法案报告》，39、40.
[608] 《法国空间活动法》，第13节.
[609] 《法国空间活动法》，第13节.
[610] 《法国空间活动法》，第14节.
[611] 《法国空间活动法》，第14节.
[612] 《法国空间活动法》，第16、17节.

资金限额为每次发射 6000 万欧元[613]。此外，如果损害是由空间物体在经许可证允许、旨在追求国家利益的空间活动过程中造成的，法国政府将不进行追索[614]。

进一步的豁免以国家担保形式提供。国家担保为根据该法案获得许可证的运营商提供了保证，即法国将根据要求赔偿损失。如果赔偿金额超出了法案第 16 节（发射阶段）和第 17 节（运行阶段）规定的金额，法国政府将支付赔偿金[615]。对于发射阶段，不被视为第三方的其他实体也可以获得国家担保[616]。然而，要想获得这种国家担保，空间活动必须在法国领土或管辖范围内，或在欧盟或欧洲经济区成员国领土或管辖范围内进行，并且损害不是运营商的故意过失造成的。鉴于欧盟和欧洲经济区建立的内部市场，需要把在欧盟或欧洲经济区成员国的领土或管辖范围内进行的空间活动包括在内。应对在法国或法国管辖范围外但在欧盟或欧洲经济区内，或在欧盟或欧洲经济区成员国管辖范围内进行的活动授予相同的权利，否则将阻碍内部市场中各项服务的自由流动。受益于国家担保的自然人或法人运营商或个人应将法院诉讼程序告知当局，否则将假定他放弃了国家担保[617]。

除非损害是由于自然人的故意过失造成的，否则参与空间活动或空间物体生产的自然人如果已利用保险、财务担保或国家担保来赔偿损失，则不会受到独立起诉[618]。任何参与空间活动或空间物体生产造

---

[613] 《法国空间活动法案报告》，41.
[614] 《法国空间活动法》，第 14 节.
[615] 《法国空间活动法》，第 15 节.
[616] 《法国空间活动法》，第 15 节.
[617] 《法国空间活动法》，第 18 节.
[618] 《法国空间活动法》，第 19 节.

成损害的人均不得被根据合同参与空间活动或空间物体生产的人起诉，除非合同明确规定如果外层空间物体生产阶段或空间物体在轨控制阶段产生损害，可对参与人进行起诉，或者参与人存在完全不当行为[619]。

3.7.3.4　登记

必须按照《登记公约》第二条的规定对法国发射的空间物体进行登记[620]。运营商需要向法国国家空间研究中心（CNES）提供必要的信息[621]。相关必要信息已另行规定[622]，具体包括：空间物体名称；空间物体的一般功能；制造商名称；空间物体的发展过程及其附属品；发射日期和地点；轨道参数，包括交点周期、倾角、远地点和近地点；在外层空间的控制方式；运行过程中可能遇到的异常情况[623]。如需更改信息，运营商应尽快报告，以便在登记簿中进行修改[624]。信息将被转交给外交部长，外交部长负责将这些信息发送给联合国秘书长进行国际登记[625]。

3.7.3.5　环境保护

法规只是将环境保护问题作为一项普遍关注的问题，但《法国授权法令》明确要求进行环境影响评价（EIA）[626]，具体内容在《法国技

---

[619] 《法国空间活动法》，第 20 节.

[620] 《法国空间活动法》，第 12 节.

[621] 《关于国家空间研究中心的第 84－510 号法令》（1984 年 6 月 28 日），第 14－1 节，法国［以下简称：《法国国家空间研究中心法令》］.

[622] 《2011 年 8 月 12 日根据 1984 年 6 月 28 日关于国家空间研究中心的第 84－510 号法令第三章确定识别空间物体所需的信息清单法令》，NOR：ESRR1108627A，法国［以下简称：《法国登记信息法令》］.

[623] 《法国登记信息法令》，第 1 节.

[624] 《法国国家空间研究中心法令》，第 14－4 节｜《法国登记信息法令》，第 2 节.

[625] 《法国国家空间研究中心法令》，第 14－6 节.

[626] 《法国授权法令》，第 1（Ⅱ）节 2（D）.

术法规法令》中有进一步规定。

在发射阶段，需要针对拟议发射在正常运行期间对公众健康和环境影响进行环境影响评价[627]。环境影响评价需要考虑火箭发动机的运行，落回地面、海洋或落到其他天体上的发射器碎片，以及空间碎片的产生和放射性物质在运载火箭上的运输。根据该环境影响评价的结果，为缓解已发现的风险，需要采取适当的措施，包括一项避免环境损害的计划和一项限制空间碎片的计划[628]。为减少空间碎片，必须让发射系统满足多项技术要求[629]。除发射活动外，空间物体控制和空间物体受控返回地球等过程也需遵循类似的要求[630]。此外，计划到另一个天体执行任务、开展类似活动的运营商必须遵守国际空间研究委员会（COSPAR）行星保护政策中规定的国际标准[631]。

3.7.3.6 法律执行

为确保运营商遵守《法国空间活动法》，一些政府官员已获得授权，可以随时访问空间物体和空间活动设施[632]。运营商在接到关于此类访问的通知后，可以指定人员或代表协助访问[633]。代理人可以在会议上或现场索要任何可以拷贝的文件或物品，并收集必要的信息[634]。当设施或设施的一部分为住所时，代理人在访问前需要根据附加程序

[627] 《法国技术法规法令》，第 8 节.
[628] 《法国技术法规法令》，第 9 节.
[629] 《法国技术法规法令》，第 21 节.
[630] 《法国技术法规法令》，第 33、34、40 节.
[631] 《法国技术法规法令》，第 43 节.
[632] 《法国空间活动法》，第 7 节.
[633] 《法国空间活动法》，第 7（Ⅱ）节.
[634] 《法国空间活动法》，第 7（Ⅲ）节.

要求授权[635]。同样，如果无法获得访问授权或被拒绝，代理人需要依据司法命令再次要求授权[636]。此外，相关机构或获得授权的代理人有权作出指示或实施必要的限制性措施，以确保人员和货物安全，保护公共健康和环境[637]。

在惩罚措施方面，未经必要的事先授权进行空间活动将被处以 20 万欧元罚款[638]。未经事先授权转移对空间物体的控制权，不顾停止或中止活动的行政措施或司法决定要求，继续开展空间活动，或者在继续开展空间活动的过程中违背要求或阻碍监督检查等行为，将被处以同样的罚款[639]。

3.8　奥地利：2011 年《奥地利外层空间法》

3.8.1　基本依据

由于奥地利是以欧洲空间局（ESA）成员的身份开展空间活动的，因此，奥地利最初没有制定国家空间法规的动机[640]。导致奥地利制定《奥地利外层空间法》[641] 的直接原因在于其发射了两颗小型卫星——

---

[635] 《法国空间活动法》，第 7（Ⅱ）、7 - 1 节.

[636] 《法国空间活动法》，第 7（Ⅳ）、7 - 1 节.

[637] 《法国空间活动法》，第 8 节.

[638] 《法国空间活动法》，第 11（Ⅰ）节.

[639] 《法国空间活动法》，第 11（Ⅱ）节、第 11（Ⅲ）、第 11（Ⅳ）节.

[640] 《关于授权空间活动和建立国家空间登记处的奥地利联邦法律的解释性备忘录》，2011 年 12 月 6 日，《奥地利外层空间法》附录，奥地利，《总则》[以下简称：《奥地利解释性备忘录》].

[641] 《2011 年 12 月 6 日奥地利联邦授权空间活动和建立国家空间登记处法》，联邦法律公报 132/2011，2011 年 12 月 27 日，奥地利［以下简称：《奥地利外层空间法》］.

TUGSAT－1 和 UniBRITE[642]。除了这一直接原因，奥地利还认识到，为承担《外层空间条约》中规定的国际义务，有必要制定国家空间法规[643]。此外，小型卫星的使用预期不断增加，商业电信企业逐渐开始自行开发、采购或运营卫星，这也进一步加强了制定国家法规的必要性[644]。如果没有此类立法，奥地利将无法要求私人实体赔偿政府因国际责任而支付的费用，无法规定私人实体需购买保险，也无法对空间活动进行授权或登记[645]。

3.8.2 适用范围

《奥地利外层空间法》主要适用于在奥地利领土内以及在奥地利登记、属于奥地利管辖范围的船舶或飞机上进行的活动[646]。由于领土管辖权，该法案适用于在奥地利领土上开展的活动；由于在奥地利登记的船只和飞机受奥地利法律管辖，所以，该法案也适用于在此类船只和飞机上开展的活动[647]。此外，具有奥地利国籍的自然人或位于奥地利的法人开展的活动同样适用于该法案[648]。然而，这一扩展仅适用

[642] 《奥地利解释性备忘录》，总则 Ⅰ TUGSAT－1 是奥地利第一颗卫星，由多伦多大学制造和发射，但由格拉茨科技大学运营 Ⅰ UniBRITE 也是由多伦多大学制造和推出的，由维也纳大学运营.

[643] 《奥地利解释性备忘录》，总则 Ⅰ 奥地利已签署并批准了《外层空间条约》《营救协定》《责任公约》《登记公约》和《月球协定》，参见：联合国和平利用外层空间委员会法律小组委员会，《截至 2017 年 1 月 1 日与外层空间活动有关的国际协定的现状》（2017）联合国文件 A/AC. 105/C. 2/2017/CRP. 7，5.

[644] 《奥地利解释性备忘录》，总则.

[645] 《奥地利解释性备忘录》，总则.

[646] 《奥地利外层空间法》，第 1（1）节 1& 2.

[647] 《奥地利解释性备忘录》，Zu Abs. 1 Z 2.

[648] 《奥地利外层空间法》，第 1（1）节 3.

于这些“运营商”自行开展的活动，这意味着与居住在奥地利外的公民或法人合作开展的活动不受该法案约束[649]。奥地利特意包含了一个不受限制的个人适用范围，认为这是一个较好的立场，以避免在空间活动控制方面出现空缺[650]。多个国家空间活动管辖权之间存在重叠要好于存在空缺，后者可能源自对人管辖权受到的限制[651]。奥地利将该法案的适用范围限制在《外层空间条约》第六条规定的活动，其中包括一项义务，即确保政府和非政府实体遵守《外层空间条约》的规定[652]。因此，奥地利的责任仅限于奥地利拥有领土和对人管辖权的活动[653]。

该法案适用的活动包括空间物体的发射、运行或控制以及发射设施的运行[654]。将发射活动列入其中是出于对国家空间活动实际情况的考虑。虽然法案没有具体说明为何将发射设施的运行也包括在内，但该活动似乎包含在发射活动的定义中，不过与实际的“发射”活动是分开的[655]。此外，将发射设施的运行包括在内的另一项考虑因素是，《责任公约》第一条 c 款将发射空间物体的国家定义为“发射国”。法案将运行和控制进一步规定为对空间物体的运行和技术控制，例如对空间物体的监督和操作，同时排除了对卫星所提供数据的单纯控制[656]。鉴于定义中包含对空间物体的监督，因此，非制导小型卫星似乎也包

[649] 《奥地利解释性备忘录》，Zu Abs. 1 Z 3.
[650] 《奥地利解释性备忘录》，Zu Abs. 1 Z 3.
[651] 《奥地利解释性备忘录》，Zu Abs. 1 Z 3.
[652] 《奥地利解释性备忘录》，Zu § 1.
[653] 《奥地利解释性备忘录》，Zu § 1.
[654] 《奥地利外层空间法》，第 2 节 1.
[655] 《奥地利解释性备忘录》，Zu § 2 Z 1.
[656] 《奥地利解释性备忘录》，Zu § 2 Z 1.

括在内，这与解释性备忘录中提出的一般理由是一致的。最后，该法案专门对空间物体的受控离轨作出了规定[657]。

为进一步明确适用范围，该法案将“空间物体”定义为已发射或拟发射到外层空间的物体及其组成部分[658]。因此，该定义符合国家空间活动情况以及《责任公约》第一条 d 款和《登记公约》第一条 b 款的要求[659]。奥地利进一步指出，国际法中没有明确界定外层空间的范围，反而采用了一种功能性方法，将空域边界限制在飞机不能再依靠气动升力移动的高度[660]。

3. 8. 3 立法主要内容

3. 8. 3. 1 许可

该法案规定了空间活动获得主管当局授权的主要规则，这意味着奥地利禁止未经此类授权开展空间活动[661]。尽管《外层空间条约》第六条要求对非政府实体进行授权，但法案也要求对政府空间活动进行授权[662]。将政府活动纳入其中是为了制定统一透明的授权程序[663]。需要由运营商，即“开展或承诺开展空间活动的自然人或法人”[664] 提交许可证申请[665]。法案规定，运营商是实际开展空间活动的自然人或法人，

[657] 《奥地利解释性备忘录》，Zu § 2 Z 1.
[658] 《奥地利外层空间法》，第 2 节 2.
[659] 《奥地利解释性备忘录》，Zu § 2 Z 2.
[660] 《奥地利解释性备忘录》，Zu § 2 Z 2.
[661] 《奥地利外层空间法》，第 3 节 | 《奥地利解释性备忘录》，Zu § 3.
[662] 《奥地利解释性备忘录》，Zu § 3.
[663] 《奥地利解释性备忘录》，Zu § 3.
[664] 《奥地利外层空间法》，第 2 节 3.
[665] 《奥地利外层空间法》，第 4（2）节.

不得让他人代表其开展活动[666]。

运营商必须遵守法案中规定的一些义务[667]，《奥地利外层空间条例》对这些义务进行了详细规定[668]。运营商必须具备开展空间活动所需的可靠性、能力和专业技能。这一义务旨在确保运营商不仅具备开展活动所需的经济和技术能力，还具有在不造成严重问题和危险的情况下中止活动的能力[669]。为证明其可靠性、能力和专业技能，运营商必须提交一系列文件，包括：安全审查证书；运营商和其他人员合作的资格证明；已开展活动清单；财务能力证明以及成本预测和融资方案；空间活动相关合同；拟议活动的任务、目的和目标描述；活动技术细节描述，例如频谱和轨道位置、能源供应、有效载荷和通信策略；有关活动期限与活动终止的技术细节和文件[670]。

此外，空间活动不应对公共秩序、人身和财产安全以及公共健康构成任何直接威胁。尽管空间活动难免有危险，但其危险性不应超出这一水平[671]。为证明空间活动的危险性没有超过这一水平，运营商必须提供一系列资料证明自身掌握了相关的科学知识，或证明空间活动不会构成直接威胁，包括对空间物体安全性和坚固性的测试结果、发生故障时的应急方案、有关该活动是否涉及地球观测的信息以及收集

---

[666] 《奥地利解释性备忘录》，Zu § 2 Z 3.

[667] 《奥地利外层空间法》，第 4（1）节.

[668] 《联邦运输、创新和技术部长关于执行联邦授权空间活动和建立国家空间登记处法的条例》，联邦法律公报 36/2015，2015 年 2 月 26 日，奥地利［以下简称：《奥地利外层空间条例》］.

[669] 《奥地利解释性备忘录》，Zu § 4 Zu Abs. 1 Zu Z 1.

[670] 《奥地利外层空间条例》，第 2（1）节.

[671] 《奥地利解释性备忘录》，Zu § 4 Zu Abs. 1 Zu Z 2.

到的数据等[672]。此外，运营商必须提供拟议活动描述，以及所有可能的对地观测数据和有效载荷信息接收者的信息，以证明空间活动不会违背国家安全、国际义务或外交政策利益[673]。此外，很重要的一点是，运营商应采取相应措施减缓空间碎片问题[674]。空间活动不应对外层空间造成污染或对环境产生不利影响。这一义务源自《外层空间条约》第九条，其中包括气态物质和辐射造成的污染[675]。

最后，对于空间活动的受控终止，运营商应遵循国际电信联盟的轨道位置及频率要求，投保并采取相应措施。关于不造成有害污染、合法使用频率和轨道位置以及办理适当的保险等义务，该条例仅规定必须提交相应文件[676]。这些义务旨在确保奥地利履行国际义务、承担国际责任[677]。授权要求中可能包含一些其他的条件和义务[678]，运营商应接受这些条件和履行这些义务[679]。

许可证是可转让的，但转让一事需要在与初始授权相同的义务和条件下获得事先授权[680]。法案包含了许可证转让情况，原因是空间活动的私有化和商业化程度日益提高[681]，卫星和空间活动买卖日益频繁。因此，为确保供应商遵循持续监督义务，法案分别规定了允许或禁止

[672] 《奥地利外层空间条例》，第 2（2）节.
[673] 《奥地利外层空间条例》，第 2（3）节.
[674] 《奥地利解释性备忘录》，Zu § 4 Zu Abs. 1 Zu Z 4.
[675] 《奥地利解释性备忘录》，Zu § 4 Zu Abs. 1 Zu Z 5.
[676] 《奥地利外层空间条例》，第 2（5）、2（6）、2（7）节.
[677] 《奥地利解释性备忘录》，Zu § 4 Zu Abs. 1.
[678] 《奥地利外层空间法》，第 4（3）节.
[679] 《奥地利解释性备忘录》，Zu § 4 Zu Abs. 3.
[680] 《奥地利外层空间法》，第 8 节 | 《奥地利解释性备忘录》，Zu § 8.
[681] 《奥地利解释性备忘录》，Zu § 8.

许可证转让的情况[682]。法案特别指出，不应将空间活动转让给奥地利以外的运营商，因为这可能会造成奥地利仍是发射国，但法案对运营商不适用的情况。这会导致奥地利需要对其监管范围之外的活动承担责任。因此，奥地利和新运营商所在国家必须明确各自规定的义务[683]。

当运营商未能履行上述义务或未能遵循附加条件和义务时，相关机构可以吊销或修改许可证[684]。此外，当发生影响空间活动、需要更改或撤销授权事件时，运营商有义务进行汇报[685]。在许可证吊销后，运营商应采取相应措施确保空间活动安全终止[686]。此外，如果运营商不遵循这些条件，相关机构可将其对空间物体的控制权转移给另一个运营商[687]。最后，运营商有义务在计划或即将终止空间活动时通知部长[688]。

3.8.3.2　保险

运营商在开展空间活动时有义务投保。这项义务使奥地利能够根据《责任公约》第二条和第三条规定的运营商责任向运营商追索费用[689]。不过，保险办理义务不仅对奥地利政府有益，对受害者和运营商也有好处[690]。该法案规定的保险制度可分为三类：为从事非公共利益活动的私人运营商提供的保险，为从事公共利益活动的私人运营商

---

[682] 《奥地利解释性备忘录》，Zu § 8.
[683] 《奥地利解释性备忘录》，Zu § 8.
[684] 《奥地利外层空间法》，第7（1）、（2）节.
[685] 《奥地利外层空间法》，第6（1）节.
[686] 《奥地利外层空间法》，第7（3）节 | 《奥地利解释性备忘录》，Zu § 7 Zu Abs. 3.
[687] 《奥地利外层空间法》，第7（3）节.
[688] 《奥地利外层空间法》，第6（2）节.
[689] 《奥地利解释性备忘录》，Zu § 4 Zu Abs. 4.
[690] 《奥地利解释性备忘录》，Zu § 4 Zu Abs. 4.

提供的保险，以及为从事空间活动的奥地利政府提供的保险。

对于第一类运营商，该法案规定私人实体有义务为每次索赔购买至少6000万欧元的保险[691]。这一最低限度是基于该法案对《责任公约》第二条规定绝对责任的追索限制[692]。这一限制不适用于《责任公约》第三条规定的责任。运营商应购买足够的保险，以弥补此类责任下可能产生的损害[693]。禁止排除或限制扩展责任的目的是，确保后来发生的损害是由保险协议期间发生的事件造成的[694]。例如，一颗卫星在保险协议期间就有缺陷，但在数年后不受控制重返地球时才会造成损害。

第二类运营商可以免于购买保险，或需要根据行政决策购买保险[695]。不过，这项规定仅适用于为公共利益进行的空间活动，这意味着此类活动需要服务于科学、研究或教育事业。《奥地利外层空间条例》对这一要求作了进一步规定，该条例要求运营商提供文件，说明其空间活动在多大程度上服务于科学、研究或教育事业，与活动相关的风险，以及运营商承担人员或财产损失责任的财务能力[696]。当一项活动主要由公共机构资助时，该活动会被认为符合公共利益，并因此获得豁免权[697]。如果空间物体在重返地球时烧毁，则可假定该活动没有风险或风险很低[698]。

---

[691] 《奥地利外层空间法》，第4（4）节.
[692] 《奥地利解释性备忘录》，Zu § 4 Zu Abs. 4.
[693] 《奥地利解释性备忘录》，Zu § 4 Zu Abs. 4.
[694] 《奥地利解释性备忘录》，Zu § 4 Zu Abs. 4.
[695] 《奥地利外层空间法》，第4（4）节.
[696] 《奥地利外层空间条例》，第3节.
[697] 《奥地利解释性备忘录》，Zu § 4 Zu Abs. 4.
[698] 《奥地利解释性备忘录》，Zu § 4 Zu Abs. 4.

第三类运营商是开展空间活动的奥地利政府，不需要保险，因为政府本身需要为此类活动承担责任[699]。

3.8.3.3　追索与责任

根据《外层空间条约》第七条与《责任公约》第二条和第三条的规定，奥地利政府需对私人实体的空间物体造成的损害承担责任，法案中规定了对这些损害的追索权[700]。法案对两种责任进行了区分，一种是根据《外层空间条约》第二条，在地表物体或飞行中的飞机受损后需要承担的责任，另一种是在地表外其他地方的空间物体受损后需要承担的过失责任。对于第一类，损害赔偿的追索权仅限于运营商办理的保险[701]。然而，如果损害是由运营商的过失造成的，或是由于运营商没有遵守法案和许可证中规定的义务和条件造成的，则这一限制将不再适用[702]。第二类是指对空间物体造成损害的过失责任，同样不适用于这一限制。因此，对于己方空间物体对另一个空间物体造成的损害，运营商应承担全部赔偿责任。对此，如果成员是按照运营商的意愿参加的空间活动，那么运营商应对这些成员造成的损害承担责任[703]。

3.8.3.4　登记

该法案根据《登记公约》第二条规定的义务，为奥地利作为发射国发射的空间物体建立了一个国家登记簿[704]。该法案的依据是《登记

[699] 《奥地利解释性备忘录》，Zu § 4 Zu Abs. 4.
[700] 《奥地利外层空间法》，第 11（1）节 | 《奥地利解释性备忘录》，Zu § 11.
[701] 《奥地利外层空间法》，第 11（2）节.
[702] 《奥地利外层空间法》，第 11（2）节.
[703] 《奥地利解释性备忘录》，Zu § 11.
[704] 《奥地利外层空间法》，第 9（1）节 | 《奥地利解释性备忘录》，Zu § 9 Zu Abs. 1.

公约》第一条a款中对发射国的定义[705]。奥地利认为，凡是依据该法案授权的发射，都是由奥地利促成的，奥地利均担任发射国[706]。鉴于《登记公约》对发射国的定义很宽泛，所以，很可能其他国家也有资格成为发射国，但最终只能有一个国家对该空间物体进行登记，因此，该法案特别提到，应依据《登记公约》第二条第二款的规定解决国家间的登记问题[707]。《外层空间条约》第八条已经规定各国对已登记的空间物体及相关人员拥有管辖权[708]，该法案重申了这一原则[709]。就《登记公约》第四条第一款规定的通知联合国秘书长的义务而言，该法案规定，部长有义务提供登记信息[710]。

运营商需要根据《登记公约》第四条第一款的要求提供相关信息。这首先意味着运营商需要提供发射国的名称，对空间物体的描述，登记号码，国际电信联盟频率分配号，发射的日期、领土或地点，主要轨道参数（交点周期、倾角、远地点和近地点）以及空间物体的一般功能[711]。该信息与《登记公约》要求的信息相对应，有利于更好地确定空间物体[712]。此外，运营商必须提供关于空间物体制造商、所有者和运营商的信息[713]。该信息是执行该法案所必需的，并非履行国际

[705] 《奥地利外层空间法》，第9（2）节.
[706] 《奥地利解释性备忘录》，Zu § 9 Zu Abs. 2.
[707] 《奥地利外层空间法》，第9（3）节 | 《奥地利解释性备忘录》，Zu § 9 Zu Abs. 3.
[708] 《奥地利解释性备忘录》，Zu § 9 Zu Abs. 4.
[709] 《奥地利外层空间法》，第9（4）节.
[710] 《奥地利外层空间法》，第10（4）节 | 《奥地利解释性备忘录》，Zu § 10 Zu Abs. 4.
[711] 《奥地利外层空间法》，第10（1）节1－5.
[712] 《奥地利解释性备忘录》，Zu § 10 Zu Abs. 1.
[713] 《奥地利外层空间法》，第10（1）节6、7.

义务所必需的[714]。最后，如果技术、国际义务和国际组织决策发生了变化，运营商应根据需要提供其他必要信息[715]。

《奥地利外层空间条例》规定了必须提供的更多信息，包括国际卫星标识符，发射日期和时间，预计重返地球的日期和时间，将空间物体移至坟墓轨道的日期和时间，以及有关空间物体、用于发射空间物体的航天器和空间物体所围绕的天体等信息的超链接[716]。这些信息应在空间物体发射[717]并确定其已到达选定轨道后[718]提供。运营商必须立即提交有关必要信息的变更情况[719]，特别是关于功能结束、功能本身、轨道或运营商的变更情况[720]。当运营商发生变化时，必须说明运营商变更的日期和时间、新运营商的名称、轨道位置的变化情况以及空间物体功能的变化情况[721]。

3.8.3.5　环境保护

最后，在申请授权之前，运营商应确保空间活动遵守与环境相关的两项义务。其一是保证不对环境造成有害污染或不利变化的一般义务，许可制度部分已经对这一点进行了讨论[722]，法案或法规没有对该义务进行进一步阐述。其二是采取措施减缓空间碎片的义务[723]。之所

---

[714] 《奥地利解释性备忘录》，Zu § 10 Zu Abs. 1.
[715] 《奥地利外层空间法》，第 10（1）节 8.
[716] 《奥地利外层空间条例》，第 6（2）节.
[717] 《奥地利外层空间法》，第 10（2）节.
[718] 《奥地利解释性备忘录》，Zu § 10 Zu Abs. 2.
[719] 《奥地利外层空间法》，第 10（3）节.
[720] 《奥地利解释性备忘录》，Zu § 10 Zu Abs. 3.
[721] 《奥地利外层空间条例》，第 6（3）节.
[722] 《奥地利外层空间法》，第 4（1）节 5.
[723] 《奥地利外层空间法》，第 4（1）节 4.

以列入这一义务，是因为空间碎片问题已经引起了国际社会的高度重视[724]。这项义务不仅仅存在于授权之前，而是贯穿于整个空间活动[725]。法案进一步规定了这一义务，要求在采取措施时“应用最先进的技术，并兼顾国际公认的《空间碎片减缓准则》”[726]。“国际公认的准则”主要是指 2002 年的《空间碎片减缓准则》，该准则规定了整个空间活动期间的空间碎片减缓指导方针[727]。

该法案进一步规定，应特别注意尽量减少在正常运行期间产生的空间碎片，即尽量减少在活动有序进行期间产生的空间碎片[728]。为证明已严格遵守减缓空间碎片的义务，运营商应按照《奥地利外层空间条例》的要求提交相应文件[729]。运营商必须提交一份采取措施的报告，这些措施特别包括：在正常运行期间避免产生空间碎片和任务残留物，防止空间物体在轨解体，以及在任务结束时将空间物体移出地球轨道，方法是使空间物体脱离轨道或将其送入坟墓轨道，对于非制导卫星，可以选择一个空间物体不会在其上停留超过 25 年的地球轨道[730]。此外，运营商应在提交的文件中具体说明为防止空间物体间在轨碰撞而采取的措施[731]。

---

[724] 《奥地利解释性备忘录》，Zu § 5.
[725] 《奥地利解释性备忘录》，Zu § 5.
[726] 《奥地利外层空间法》，第 5 节.
[727] 《奥地利解释性备忘录》，Zu § 5.
[728] 《奥地利外层空间法》，第 5 节 | 《奥地利解释性备忘录》，Zu § 5.
[729] 《奥地利外层空间条例》，第 2（4）节.
[730] 《奥地利外层空间条例》，第 2（4）节 1.
[731] 《奥地利外层空间条例》，第 2（4）节 2.

3.8.3.6　法律执行

为确保运营商遵守该法案，监督机构应对运营商进行监督[732]。监管机构有权访问运营商所有营业场所和设施，获取相关文件和信息，以确保实施有效监督[733]。此外，一旦违反该法案，运营商需支付最高10 万欧元的罚款。如果未经授权就进行空间活动，那么运营商至少应支付 2 万欧元的罚款。因为，这是一种极为严重的违规行为[734]。不过，如果违规行为属于刑事法院的管辖范畴，则不会处以罚款，刑事法院将审理此案并作出适当判决[735]。

3.9　印度尼西亚：2013 年《印度尼西亚空间法》

3.9.1　基本依据

经过十多年的审议，印度尼西亚通过了与空间活动相关的国家空间法规——2013 年《印度尼西亚空间法》[736]。《印度尼西亚空间法》的颁布旨在确保国家行为既符合国际义务又符合国家利益[737]。《印度尼西

[732] 《奥地利外层空间法》，第 13（1）节.

[733] 《奥地利外层空间法》，第 13（2）节.

[734] 《奥地利外层空间法》，第 14 节 | 《奥地利解释性备忘录》，Zu § 14.

[735] 《奥地利外层空间法》，第 14 节.

[736] 《印度尼西亚共和国空间活动法》，2013 年 8 月 6 日，第 21/2013 号，印度尼西亚［以下简称：《印度尼西亚空间法》］.

[737] Ida Supancana 与 Mardianis，“将国际空间法标准转化为国家空间立法：印度尼西亚的经验”，《外层空间法会议记录——法律在亚洲空间时代的作用：制度与应用》（国际空间法研究所，2011），3 | 印度尼西亚已签署并批准了《外层空间条约》《营救协定》《责任公约》和《登记公约》，参见：联合国和平利用外层空间委员会法律小组委员会，《截至 2017 年 1 月 1 日与外层空间活动有关的国际协定的现状》（2017）联合国文件 A/AC. 105/C. 2/2017/CRP. 7，7.

亚空间法》明确说明了印度尼西亚制定国家空间法规的基本原理[738]。首先，站在印度尼西亚的立场来看，外层空间是一个可开展诸多活动、支持传播媒介并有着丰富自然资源的区域，国家应以和平方式对其加以利用和保护，从而实现1945年《印度尼西亚共和国宪法》中规定的国家利益[739]。此外，印度尼西亚的地理条件十分特殊：地跨赤道、群岛国家和灾害频发[740]。因此，印度尼西亚希望能掌握一定的空间科学与技术，从而更好地实现国家发展、保障人民安全[741]。此外，由于印度尼西亚地理位置特殊，其他国家可能有兴趣与印度尼西亚就空间活动开展国际合作[742]。之所以要制定《印度尼西亚空间法》，还有一个原因是，已有的国家空间法规不足以管理空间活动。《印度尼西亚空间法》填补了空间活动，特别是太空商业化活动开展过程中可能出现的法律漏洞[743]。该法案进一步重申了相关问题[744]。除此之外，该法案的制定还有诸多目的，包括：实现自力更生；提高印度尼西亚的竞争力；确保空间活动的可持续性；提供法律确定性、安全性和保障；保护国家和公民免受空间活动的负面影响；为空间活动提供支持，提高印度尼西亚的国防能力[745]。

---

[738] 《印度尼西亚空间法》，序言 d.

[739] 《印度尼西亚空间法》，序言 a | 《印度尼西亚共和国关于空间活动2013年第21号法令的解释性说明》，2，印度尼西亚［以下简称：《印度尼西亚空间法解释性说明》］.

[740] Ida Supancana，"外层空间法逐步发展如何影响国家空间立法制定：印度尼西亚的经验"，《航空航天法》（2015）40，93.

[741] 《印度尼西亚空间法》，序言 b.

[742] 《印度尼西亚空间法解释性说明》，2.

[743] 《印度尼西亚空间法》，序言 c | 《印度尼西亚空间法解释性说明》，3.

[744] 《印度尼西亚空间法》，第2节.

[745] 《印度尼西亚空间法》，第2节 a、c－f、h.

3.9.2 适用范围

《印度尼西亚空间法》涵盖在印度尼西亚领土内、从印度尼西亚领土或在印度尼西亚管辖范围内进行的所有空间活动，以及为印度尼西亚或代表印度尼西亚开展的所有空间活动[746]。此外，该法案适用于参与空间活动的印度尼西亚公民或法人实体，以及拥有空间活动许可证[747]的外国国民、个人、商业实体或政府[748]。因此，该法案适用于所有被定性为空间活动的活动。该法案指出，空间活动指在地球上或从地球上、在空域以及在外层空间进行的空间探索和利用活动[749]。对此，法案规定，空域是“环绕和覆盖地球表面的含有大气的空间”[750]。法案还将外层空间定义为空域范围之外的空间及其内的物质[751]。有几类活动被明确视为空间活动，包括空间科学、遥感、空间技术能力、发射活动以及商业空间活动[752]。根据《印度尼西亚空间法》，这些活动由印度尼西亚国家航空航天研究所（LAPAN）实施，也就意味着由印度尼西亚政府负责。该法案就空间科学、空间技术能力和发射活动等方面作出了明确规定[753]。法案将“商业空间活动”定义为旨在获得经济回报的所有空间活动[754]，并明确指出这是一类特殊的空间活动[755]。从本质

[746] 《印度尼西亚空间法》，第5节a、b.
[747] 《印度尼西亚空间法》，第1节6.
[748] 《印度尼西亚空间法》，第5节c、d.
[749] 《印度尼西亚空间法》，第1节4.
[750] 《印度尼西亚空间法》，第1节3.
[751] 《印度尼西亚空间法》，第1节1.
[752] 《印度尼西亚空间法》，第7（1）节.
[753] 《印度尼西亚空间活动法》，第11（1）、24（1）、34（1）节.
[754] 《印度尼西亚空间法解释性说明》，4.
[755] 《印度尼西亚空间法》，第7（1）节e、第37节.

上讲，发射活动和商业空间活动是由私人实体开展的，所以，对这些活动进行监管尤为重要。

3.9.3 立法主要内容

3.9.3.1 许可

印度尼西亚政府认为，为管理并监督空间活动，包括对属于印度尼西亚管辖范围的空间活动进行监管和控制，有必要颁布相关的许可制度[756]。然而，目前法案并未设立一个单独的章节对许可制度进行规定，而是将许可制度零散分布在各项条款中[757]。开展空间活动的所有实体[758]都被称作运营商，运营商在开展发射活动时应该[759]：

- 提供财务担保或购买保险；
- 最大限度降低事故风险、公共健康危害或货物损失；
- 确保空间物体不携带核武器或大规模杀伤性武器；
- 确保发射活动不会对国家安全构成威胁或不会违反印度尼西亚的外交政策或国际义务；
- 考虑并遵守飞行安全相关规定。

此外，法案规定，许可证应包含印度尼西亚政府的追索协议[760]。然而，除了这些一般条款外，法案并未给出具体条款规定有关授予或获得太空许可证的考虑因素和要求。尚未颁布的后续法规将对发射活

[756] 《印度尼西亚空间法》，第 41、42（2）节.
[757] 《印度尼西亚空间法》，第 35（2）、42（2）、56、69（5）、94 节.
[758] 《印度尼西亚空间法》，第 1 节 5.
[759] 《印度尼西亚空间法》，第 35（1）节.
[760] 《印度尼西亚空间法》，第 35（2）节.

动的要求和程序进行详细规定[761]，此外，也将给出有关商业空间活动的规定[762]。根据现有法案规定，空间活动需要考虑的因素有：国家利益，安保与安全，科学技术的发展，可投入活动的专业人力资源，活动的效益、有效性和效率，太空基础设施的可靠性，地球和太空环境的保护与管理，以及印度尼西亚法规和国际法规[763]。此外，该法案重申了《外层空间条约》的第四条和第九条[764]。

该法案没有就许可证的吊销或暂停作出明确规定。然而，由于明确指出印度尼西亚政府有义务管理并监督空间活动[765]，并且颁发许可证是对空间活动进行管理监督的一部分，因此，仍需在后续法规中对许可证制度作出更详细的规定，将许可证的暂停与吊销政策纳入其中。需要说明的是，一旦空间活动造成了灾害，许可证将被暂停[766]。同样，该法案并未规定许可证转让政策。不过，在规定运营商的责任时，法案指出了许可证的可转让性，或者至少是空间物体所有权的可转让性[767]。

3.9.3.2 保险

如前所述，运营商有义务为发射活动提供财务担保或购买保险[768]，具体而言，如果空间活动对第三方造成了损害，运营商应尽到投保的

---

[761] 《印度尼西亚空间法》，第36节.
[762] 《印度尼西亚空间法》，第37节.
[763] 《印度尼西亚空间法》，第7（2）节.
[764] 《印度尼西亚空间法》，第8节.
[765] 《印度尼西亚空间法》，第41（1）节.
[766] 《印度尼西亚空间法》，第69节.
[767] 《印度尼西亚空间法》，第78节.
[768] 《印度尼西亚空间法》，第35（1）节 a.

一般义务[769]。所有空间活动都应考虑活动本身的特点，因为该活动采用先进技术并且具有高风险[770]。本保险政策不适用于政府实体[771]。对于此类问题，政府认为，各国应根据《外层空间条约》第七条和《责任公约》的要求，对本国空间活动造成的损害承担责任。由于印度尼西亚的空间活动是通过政府实体开展的，所以，印度尼西亚政府认为其有义务对另一缔约国遭受的损失承担国际责任。附加条例中将给出对保险义务的详细监管规定[772]。

3.9.3.3 追索与责任

作为《责任公约》的缔约国，印度尼西亚认为其应对本国作为发射国的空间活动承担相应责任[773]。法案规定，无论运营商是政府实体、私人实体还是公民个人，一旦空间活动造成了损害，运营商都应承担相应责任[774]。这一点同时适用于绝对责任[775]和过失责任[776]。如果空间活动涉及多个运营商，那么各运营商需要承担的责任将取决于他们之间的协议[777]。如果太空资产的所有权发生转移，那么责任将自转移发生之日起转移[778]。根据法案定义，太空资产包括“可作为抵押物的国内和国际（国内和国际利益）基础设施和任何形式的所有权”[779]。

---

[769] 《印度尼西亚空间法》，第 84（1）节.
[770] 《印度尼西亚空间法解释性说明》，18.
[771] 《印度尼西亚空间法》，第 84（2）节.
[772] 《印度尼西亚空间法》，第 84（3）节.
[773] 《印度尼西亚空间法》，第 76（1）节.
[774] 《印度尼西亚空间法》，第 76（2）节.
[775] 《印度尼西亚空间法》，第 77（1）节.
[776] 《印度尼西亚空间法》，第 77（2）节.
[777] 《印度尼西亚空间法》，第 77（3）节.
[778] 《印度尼西亚空间法》，第 78（1）节.
[779] 《印度尼西亚空间法解释性说明》，18.

应依据国际法，通过外交渠道、索赔委员会或国家司法机关提出索赔[780]。运营商有义务对其空间活动造成的任何损害予以赔偿[781]。根据国际法中人们普遍认可的损害定义，损害赔偿只分为物理损害赔偿和直接损害赔偿，其中包括开展救援和清理活动的费用[782]。此外，法案依据《责任公约》第十条的规定，要求索赔人在损害发生之日起一年内，或在得知损害后一年内提出索赔请求[783]。

如果有两个及以上发射国，则必须由运营商确定各发射国的损害连带责任和其他责任[784]。此外，如果印度尼西亚政府实体、私人实体或个人蒙受损害，则可通过司法法庭、仲裁或其他争议解决方式向运营商提出索赔[785]。对受害者的赔偿工作应及时、有效、充分[786]。有关责任及赔偿管理的更多细节将由尚未颁布的后续法规作出详细规定[787]。

最后，对于印度尼西亚根据国际法对私人实体发射的空间物体所造成损害的赔偿，许可证给出了相应的追索或补偿规定[788]。许可证将规定追索权的细节，包括追索权何时适用、印度尼西亚可追回的金额以及所有限制条件。

3.9.3.4 登记

法案规定的另一项义务是空间物体登记。法案指出，从印度尼西

[780] 《印度尼西亚空间法》，第 79（1）节.
[781] 《印度尼西亚空间法》，第 79（2）节.
[782] 《印度尼西亚空间法》，第 79（3）节.
[783] 《印度尼西亚空间法》，第 80 节.
[784] 《印度尼西亚空间法》，第 81 节.
[785] 《印度尼西亚空间法》，第 82（1）节.
[786] 《印度尼西亚空间法》，第 82（3）节.
[787] 《印度尼西亚空间法》，第 83 节.
[788] 《印度尼西亚空间法》，第 35（2）节.

亚发射，或由印度尼西亚政府实体、私人实体和公民从其他国家发射的所有空间物体都必须在印度尼西亚国家航空航天研究所登记[789]。登记要求须符合《登记公约》的规定[790]，至少包含发射国名称，空间物体名称或登记号，发射日期、时间和地点，基本轨道参数，包括空间物体的交点周期、倾角、远地点和近地点，空间物体的一般功能，以及当有不止一个发射国时，其他参与国的名称[791]。此外，登记必须要有登记号[792]，空间物体登记情况必须由印度尼西亚国家航空航天研究所公布并易于查阅，还必须存放于空间数据和信息中心[793]。印度尼西亚国家航空航天研究所应将印度尼西亚空间物体的登记资料发送给联合国秘书长[794]。

3.9.3.5 环境保护

法案还包含了环境保护相关规定。运营商有义务保护环境，维护并确保环境的正常功能[795]。因此，为避免空间活动产生的污染危害地球环境，操作人员不得违反活动相关的质量标准和环境标准[796]。

3.9.3.6 法律执行

《印度尼西亚空间法》明确规定，印度尼西亚有义务监督国家空间活动[797]。然而，该法案并未就如何对此类活动进行监督作出具体

---

[789] 《印度尼西亚空间法》，第 71（1）节.
[790] 《印度尼西亚空间法》，第 71（4）节.
[791] 《印度尼西亚空间法》，第 71（2）节.
[792] 《印度尼西亚空间法》，第 71（3）节.
[793] 《印度尼西亚空间法》，第 71（1）节.
[794] 《印度尼西亚空间法》，第 72（3）节.
[795] 《印度尼西亚空间法》，第 87 节.
[796] 《印度尼西亚空间法》，第 88（1）节.
[797] 《印度尼西亚空间法》，第 41（1）节.

规定。

为加强法案效力，该法案规定了对违规行为的民事和行政制裁，该规定适用于所有受法案约束的人。违反第 21 节（提供遥感数据相关义务）、第 35 节（发射活动相关义务）、第 45（2）节（航天港相关义务）、第 48 节（航天港环境影响分析）、第 51（2）节（安全标准与程序）、第 56 节（遵守发射安全官指示）和第 65 节（协助事件调查）规定的行为须接受行政制裁[798]。行政制裁可包括书面警告、暂时中止部分或全部活动、行政罚款、拆除建筑物、吊销许可证、解散公司或法人实体、禁止担任职务以及吊销权利[799]。有关制裁实施程序的详细规定将在后续条例中给出[800]。

此外，该法案还包含对某些违规行为的刑事规定。首先，任何故意隐瞒有可能造成重大影响的敏感研究结果的人将被处以 5 亿印尼盾（约 3.2 万欧元）的罚款，如果此类行为将破坏国家安全利益，则罚款将增至 20 亿印尼盾（约 13 万欧元）[801]。其次，蓄意发射不符合要求、会对货物或人员造成损害的空间物体的人将被处以最多 15 年的监禁或 4 万亿印尼盾（约 2.5 亿欧元）的罚款[802]。如果空间活动事故造成了生命损失，则相关人员将被处以最多 20 年的监禁或 5 万亿印尼盾（约 3.2 亿欧元）的罚款[803]。任何违反法案第 8 节（涉及军事活动和武器化

---

[798] 《印度尼西亚空间法》，第 94（1）节.
[799] 《印度尼西亚空间法》，第 94（2）节.
[800] 《印度尼西亚空间法》，第 94（3）节.
[801] 《印度尼西亚空间法》，第 95 节.
[802] 《印度尼西亚空间法》，第 96（1）节.
[803] 《印度尼西亚空间法》，第 96（2）节.

活动）规定开展空间活动的人将被处以类似的制裁[804]。此外，任何移除或改变已坠回地球、落入印度尼西亚领土内或管辖范围内的空间物体位置的人，将被处以最多6个月的监禁或5亿印尼盾（约3.2万欧元）的罚款[805]。此外，违背环境质量标准开展空间活动的人将被处以最多2年的监禁或20亿印尼盾（约13万欧元）的罚款，如果空间活动造成了个人财产损失，则增至5年的监禁或50亿印尼盾（约32万欧元）的罚款[806]。最后，如果法人实体违反了上述规定，那么相应罚款可增至三倍[807]。

3.9.3.7 意外事件

如果空间活动造成了灾害，那么许可证将被暂停[808]。根据灾害情况，在暂停期间，将根据需要吊销或修改许可证[809]。与上述其他主题一样，许可证暂停的标准和要求，灾害后许可证的冻结、吊销和修改等相关规定将在后续条例中予以说明[810]。

---

[804] 《印度尼西亚空间法》，第99节.
[805] 《印度尼西亚空间法》，第97节.
[806] 《印度尼西亚空间法》，第98节.
[807] 《印度尼西亚空间法》，第100节.
[808] 《印度尼西亚空间法》，第69（1）节.
[809] 《印度尼西亚空间法》，第69（4）节.
[810] 《印度尼西亚空间法》，第69（5）节.

3.10　丹麦：2016 年《丹麦外层空间法》

3.10.1　基本依据

为提供一个框架规范并确保空间活动安全进行[811]，丹麦通过了国家空间法规，即《丹麦外层空间法》[812]。该法案规定了对外层空间活动的授权和持续监督、空间物体登记，以及责任和追索制度[813]。该法案旨在确保丹麦遵守国际义务[814]，特别是《外层空间条约》第六条和第七条、《登记公约》和《责任公约》的要求[815]。此外，法案虽然没有给出专门针对丹麦空间活动的标准，但提到了与国家空间法规有关的国际标准，特别是关于如何开展空间活动的国际标准，以及关于减缓空间碎片的国际准则[816]。该法案旨在一项不带来不必要障碍的法案和一项过于宽松、可能让信誉较差的私营实体有机可乘的法案之间寻求平衡，为私人实体开展的空间活动制定明确的法规[817]。

---

[811] 2016 年 5 月 11 日《外层空间活动法》，第 409 号法案，教育和研究部，研究与创新委员会，期刊号 16010941，丹麦［以下简称：《丹麦外层空间法》］.

[812] 《丹麦外层空间法》，第 1 节.

[813] 《丹麦外层空间法》，第 1 节 1－3.

[814] 丹麦已签署并批准了《外层空间条约》《营救协定》《责任公约》和《登记公约》，参见：联合国和平利用外层空间委员会法律小组委员会，《截至 2017 年 1 月 1 日与外层空间活动有关的国际协定的现状》（2017）联合国文件 A/AC. 105/C. 2/2017/CRP. 7，6.

[815] 《外层空间活动法提案》，第 L128 号法案，丹麦议会 2015－16，2016 年 2 月 24 日，教育和研究部，5，丹麦［以下简称：《丹麦解释性备忘录》］.

[816] 《丹麦解释性备忘录》，7、8.

[817] 《丹麦解释性备忘录》，7.

3.10.2 适用范围

本法案适用的活动仅限于在丹麦境内（包括格陵兰岛和法罗群岛[818]）开展的空间活动[819]，或在丹麦境外但在丹麦飞船或设施上或由丹麦运营商开展的空间活动[820]。因此，该法案的适用范围主要基于丹麦的领土管辖权，但也会基于飞船和设施等准领土管辖权，或基于丹麦运营商的对人管辖权。将法案适用范围扩大到所有丹麦运营商，意味着此类运营商可能必须同时遵守多个国家的国家空间法规[821]。如此一来，该法案对适用的领土和个人范围进行了明确界定。值得注意的是，如果空间活动是在丹麦境外或丹麦飞船/设施外进行的，那么丹麦所有人（拥有空间物体的自然人或法人[822]）就不能被视为运营商，法案就不再适用。

该法案将属事管辖定义为“将空间物体发射到外层空间，操纵、控制空间物体并让其返回地球，以及与此有关的其他基本活动”[823]。该法案对“空间物体”的详细定义是：“已发射或拟发射到外层空间的任何物体及其组成部分，以及用于或拟用于将物体发射到外层空间的任何装置”[824]。此外，该法案将“运营商”定义为“开展或承诺开展空间活动的自然人或法人”[825]。

---

[818] 《丹麦外层空间法》，第 2（1）节.
[819] 《丹麦解释性备忘录》，8.
[820] 《丹麦外层空间法》，第 2（2）节.
[821] 《丹麦解释性备忘录》，19.
[822] 《丹麦外层空间法》，第 4 节 5.
[823] 《丹麦外层空间法》，第 4 节 1.
[824] 《丹麦外层空间法》，第 4 节 2.
[825] 《丹麦外层空间法》，第 4 节 3.

然而，这些定义并未确切说明该法案的实际适用范围。人们虽然对空间物体的发射、操作、控制和返回的理解通常较为清晰，但对“基本活动”一词的理解往往是模棱两可的，法案并未对该词作进一步说明。已经明确的是，丹麦研究人员或学生参与的由外国航天机构或企业开展的卫星项目不属于该定义[826]。不过，关于“已用于或拟用于将物体发射到外层空间的任何设备”的定义并不清晰。尽管已明确此类设备至少包括各火箭级、空间物体的主要功能部件以及发射平台[827]，但定义仍不明晰。该法案的咨询报告中也提出了这一问题[828]。具体而言，卫星小部件和组件的分包商或为空间活动开发软件的企业也需要根据空间活动和太空物体的广泛定义获得授权[829]。然而，可以明确的是，该法案并不适用于小零件分包商或软件开发商[830]。尽管目前丹麦领土上没有发射设施，但根据《责任公约》的定义，丹麦仍有可能被视为发射国，所以该法案将适用范围扩大到了在本国境内进行的发射活动，以确保丹麦履行其国际义务[831]。

该法案更特殊的一点在于对外层空间的划分。该法案将外层空间定义为“海拔 100 千米以上的空间”[832]，这一定义旨在明确法案适用于哪些活动[833]。例如，飞行高度达到 100 千米以上的亚轨道飞行就适用于

[826] 《丹麦解释性备忘录》，20.

[827] 《丹麦解释性备忘录》，20.

[828] 《关于 2016 年 1 月 13 日〈外层空间法〉草案的磋商》，第 L128 号法案附件 1，教育和研究委员会 2015 - 16，丹麦［以下简称：《丹麦外层空间法磋商》］.

[829] 《丹麦外层空间法磋商》，2.

[830] 《丹麦外层空间法磋商》，3 | 《丹麦解释性备忘录》，20.

[831] 《丹麦解释性备忘录》，8.

[832] 《丹麦外层空间法》，第 4 节 4.

[833] 《丹麦解释性备忘录》，9.

该法案[834]。丹麦政府明确指出这并非基于国际法规定义进行的划分[835]，早在法案颁布前，这种做法就注定会导致法案适用范围的空缺[836]。为弥补这一空缺，人们建议将高度在100千米以下的民事活动也纳入该法案[837]。然而，范围扩大条例尚未颁布。

3.10.3 立法主要内容

3.10.3.1 许可

属于上述范围的空间活动只能在事先获得批准的情况下进行[838]。对此，运营商应提出申请[839]，随后丹麦科技创新署将就申请进行审议[840]。唯一可以免除这一义务的实体是国有运营商，但这项豁免需获得部长的授权[841]。需要注意的是，许可证的申请方是运营商而不是所有者。运营商和所有者可能不是同一个自然人或法人。在这种情况下，运营商对空间活动负全部责任，同时运营商和所有者必须详细说明双方在保险、责任等方面的关系[842]。运营商需提供一系列文件[843]：

- 空间物体的所有权；
- 运营商具备开展具有相应规模与复杂性的空间活动的资格[844]；

---

[834] 《丹麦解释性备忘录》，9.
[835] 《丹麦解释性备忘录》，9.
[836] 《丹麦解释性备忘录》，8、9.
[837] 《丹麦解释性备忘录》，8.
[838] 《丹麦外层空间法》，第5节.
[839] 《丹麦外层空间法》，第6（1）节.
[840] 《丹麦行政法令》，第1节.
[841] 《丹麦外层空间法》，第18节.
[842] 《丹麦解释性备忘录》，9.
[843] 《丹麦外层空间法》，第6（1）节1－8.
[844] 《丹麦解释性备忘录》，21.

- 空间活动的开展符合安全要求以及其他标准和准则；
- 已针对空间碎片采取了相应措施；
- 空间活动的开展符合环保要求；
- 空间活动遵循国家安全要求、国际义务或外交政策；
- 运营商遵守保险和责任要求；
- 运营商满足国际电信联盟关于频率及轨道位置分配的现行规定，国际电信联盟的频率分配文件旨在确保空间活动不会干扰其他国家或私人实体的活动[845]。

此外，运营商必须证明其遵守出口管制条例[846]，尤其需要证明其遵守欧盟《理事会条例》（EC）第428/2009号条例中规定的两用技术出口管制共同法律框架[847]。根据行政命令的要求，除了《丹麦外层空间法》要求的文件外，运营商还需提供一些其他的文件以及《丹麦外层空间法》下的必要文件[848]。最重要的是，运营商在申请时需要提供对空间活动的描述，其中包括预定的发射日期和地点、活动目的以及空间物体的一般功能，包括尺寸、重量、有效载荷、轨道数据、运行周期等的技术规格[849]。运营商还必须进行风险评估，包括评估空间物体造成损害的风险[850]。运营商需要进一步确认其遵守风险评估要求以及《丹麦外层空间法》[851] 中的安全要求[852]。为确保空间活动符合各标准

[845] 《丹麦解释性备忘录》，10.
[846] 《丹麦外层空间法》，第6（2）节.
[847] 《丹麦解释性备忘录》，10.
[848] 《丹麦行政法令》，第2节.
[849] 《丹麦行政法令》，第2节1.
[850] 《丹麦行政法令》，第2节2.
[851] 《丹麦外层空间法》，第6（1）节3.
[852] 《丹麦行政法令》，第5节.

和指导原则[853]以及对空间活动的特定质量保证要求和风险管理要求，运营商可能还需要遵循其他要求[854]。此外，运营商需要对是否符合《丹麦外层空间法》的其他规定进行详细说明。上述文件和批准条件旨在尽可能确保空间活动安全进行[855]。

《丹麦外层空间法》允许对空间物体或空间活动进行转让，但在转让前，运营商需要按照正常的批准流程获得批准[856]。这一要求的依据是，即使空间活动是由其他运营商或所有者实施的，丹麦仍保留其国际责任[857]。通过要求运营商事先申请转让批准，丹麦可以保留对负责的空间活动的控制权。虽然允许将空间物体或空间活动转让给属于另一国自然人或法人的所有者或运营商，但可能需要该国与丹麦政府就《外层空间条约》第七条和《责任公约》规定的责任达成协议[858]。

当情况有变，包括出现突发事件或空间活动结束时，运营商需要对具体情况进行汇报，以便在必要时更改许可证[859]。突发事件可能包括空间物体失联、物体轨道发生变化等[860]。如果运营商不遵守《丹麦外层空间法》和行政命令中规定的条件，许可证可能会被更改[861]，甚至当运营商未遵守一些必要条件时，许可证可能会被吊销[862]。必要条

---

[853] 《丹麦行政法令》，第 5（1）节.
[854] 《丹麦行政法令》，第 5（2）节.
[855] 《丹麦解释性备忘录》，11.
[856] 《丹麦外层空间法》，第 15（1）节.
[857] 《丹麦解释性备忘录》，26.
[858] 《丹麦外层空间法》，第 15（2）节.
[859] 《丹麦外层空间法》，第 8 节、第 9（1）节.
[860] 《丹麦解释性备忘录》，23.
[861] 《丹麦外层空间法》，第 9（1）节.
[862] 《丹麦外层空间法》，第 9（2）节.

件指空间活动获得批准的基本条件，违背此类条件的情况包括：运营商根据掌握的信息伪造文件，未购买必要的保险[863]。需要注意的是，许可证被吊销后，空间活动可以被转移给其他运营商，也可以在部长的命令下终止。

3. 10. 3. 2　保险

如前所述，空间活动获得批准的条件之一是，运营商购买保险或以其他方式提供担保，以便在空间物体造成损害后承担责任[864]。尽管法案提供了制定更详细规定的可能性[865]，但行政命令仅提供了进一步规定要求的可能性，并声明将根据空间活动的申请情况和风险确定保险要求，其中，风险包括空间物体对地球、飞行中的飞机或其他空间物体造成损害的风险[866]。因此，对于保险问题，丹麦政府将采取逐案处理的方法，根据具体的空间活动确定哪些保险是必要的。开展属于丹麦政府保险范围内的空间活动机构不受此要求的限制[867]。

3. 10. 3. 3　追索与责任

根据《责任公约》第二条的规定，对于空间物体对地面物体或飞行中的飞机造成的损害，运营商需严格承担责任[868]，但对于其他情况，将根据丹麦侵权法对运营商的责任进行评估[869]。在其他情况下，根据

---

[863] 《丹麦解释性备忘录》，24.

[864] 《丹麦外层空间法》，第 13（1）节.

[865] 《丹麦外层空间法》，第 13（3）节.

[866] 《丹麦行政法令》，第 13 节.

[867] 《丹麦外层空间法》，第 13（2）节.

[868] 《丹麦外层空间法》，第 11（1）节 | 《丹麦解释性备忘录》，12.

[869] 《丹麦外层空间法》，第 11（2）节.

《责任公约》第三条的要求，运营商应对损害承担过失责任[870]。以下条款对这一点进行了说明：如果索赔人是有意或因重大过失造成的损害，则运营商仅需少量支付甚至无须支付赔偿金[871]。应明确指出的是，《丹麦外层空间法》规定了运营商对空间物体造成损害的责任，这是因为，虽然丹麦领土或设施内尚未进行发射活动，但丹麦仍根据《责任公约》第一条 b 款的要求，将自身视为发射国[872]。

当丹麦运营商的空间物体造成了损害需要进行赔偿时，丹麦政府均保有对该运营商的追索权[873]。追索金额被限制在 4.5 亿丹麦克朗（约 6000 万欧元）以内[874]。然而，在下列情况下没有金额限制：运营商有意或因重大过失造成的损害，未经批准开展空间活动，运营商未遵循空间活动获得批准的必要条件，空间活动造成了人身伤害[875]。运营商如果已经为空间活动投保，则可直接向保险公司要求补偿[876]。此外，丹麦政府如果已经支付了损害赔偿金，则可直接向保险公司追偿。

3.10.3.4 登记

根据《登记公约》第二条的规定，丹麦有义务对其作为发射国，发射到地球轨道或其他地方的空间物体进行登记[877]。人们认为，根据《登记公约》中的发射国定义，可以将多个国家指定为发射国[878]。当有

---

[870] 《丹麦解释性备忘录》，13、25.
[871] 《丹麦外层空间法》，第 11（3）节.
[872] 《丹麦解释性备忘录》，12.
[873] 《丹麦外层空间法》，第 12（1）节.
[874] 《丹麦行政法令》，第 12（1）节.
[875] 《丹麦行政法令》，第 12（2）节.
[876] 《丹麦外层空间法》，第 13（1）节.
[877] 《丹麦外层空间法》，第 10（1）节.
[878] 《丹麦解释性备忘录》，12.

多个发射国时，各国必须相互商议，确定由哪个国家根据《登记公约》第二条第二款的规定登记空间物体[879]。当丹麦是发射国时，运营商需要提供以下信息：运营商名称及商业登记号码，空间物体的一般功能描述，发射日期和地点，运载火箭或发射器，在轨物体的功能性运行周期和运行寿命，以及轨道基本数据，包括交点周期、倾角、远地点和近地点[880]。该信息需要至少在发射前 3 个月提供[881]，而空间物体的标志符和所有最终信息应在发射后 1 个月内提供[882]。该信息之后将被转交给联合国秘书长，以履行丹麦的国际义务[883]。最后，如果登记信息发生变化，运营商有义务报告变化情况，并应丹麦政府要求提供其他文件[884]。

3.10.3.5 环境保护

要想使空间活动获得批准，运营商需要制定一系列空间碎片管理措施和环境保护措施[885]。行政命令对运营商的这方面义务作出了详细规定。在确保运营商采取空间碎片管理措施方面，可制定更多要求，以促使空间活动在将空间物体发射到地球轨道前后遵守空间碎片管理相关标准和指导原则[886]，例如，机构间空间碎片协调委员会的《空间碎片减缓准则》，该准则旨在尽可能限制产生的空间碎片数量[887]。除了

---

[879] 《丹麦外层空间法》，第 10（2）节 | 《丹麦解释性备忘录》，12.
[880] 《丹麦行政法令》，第 8 节.
[881] 《丹麦行政法令》，第 9（1）节.
[882] 《丹麦行政法令》，第 9（2）节.
[883] 《丹麦外层空间法》，第 10（3）节.
[884] 《丹麦行政法令》，第 10、11 节.
[885] 《丹麦外层空间法》，第 6（1）节，4、5.
[886] 《丹麦行政法令》，第 6（1）节.
[887] 《丹麦解释性备忘录》，22.

需要在空间活动结束后25年内，将空间物体安全移出地球轨道或将其置于坟墓轨道以外[888]，空间碎片管理方面还没有其他特定要求。具体要求将根据各空间活动的实际情况确定。

除了遵循空间碎片管理要求外，空间活动还必须遵循环保要求[889]。这一规定旨在防止空间活动对地球和外层空间环境造成破坏[890]。同样，具体要求将根据具体情况而定，但明确的是，运营商必须说明空间活动对地球和大气层环境的影响，对外层空间环境的可能影响，以及为尽量减小对这三个空间的影响，将采取的措施[891]。

3.10.3.6 法律执行

为确保空间活动遵循《丹麦外层空间法》的规定，部长可以要求运营商提供更多信息[892]。此外，获得授权的人员可随时访问运营商的设施[893]。为提高法案力度，法案规定，在出现以下行为时，将对相关人员处以罚款或为期4个月的监禁：未获得事先批准，未报告变化情况，在部长命令停止空间活动后拒不执行，在转交空间活动前未提出申请，未应要求公开信息，以及未遵循保险要求或类似责任要求[894]。如果上述违反行为是有意实施的，或情况特别严重，包括存在人身伤亡风险或系统性违规的情况，则监禁时间有可能延长至2年[895]。然而，

---

[888] 《丹麦行政法令》，第6（2）节.
[889] 《丹麦行政法令》，第7节.
[890] 《丹麦解释性备忘录》，22.
[891] 《丹麦行政法令》，第7节1-3.
[892] 《丹麦外层空间法》，第16节.
[893] 《丹麦外层空间法》，第17节.
[894] 《丹麦外层空间法》，第21（1）节.
[895] 《丹麦外层空间法》，第21（2）节.

即使接受了上述惩罚，法人仍需承担《刑法》中规定的刑事责任[896]。

3.11　新西兰：2017 年《新西兰空间活动法》

3.11.1　基本依据

新西兰的国家空间法规《新西兰空间活动法》[897] 是近几年颁布的一项综合性国家空间制度。与其他国家的空间法规一样，该法案旨在建立一个监管制度，对新西兰境内和由新西兰国民在境外进行的航天发射进行管理[898]。此外，该法案的特别之处在于，为在新西兰开展的深空活动提供了一个监管框架[899]。

该法案很好地描述了目标和理论依据。首先，该法案的主要目的是促进航天工业的发展，保障空间活动安全可靠地进行[900]。新西兰认为，空间活动一方面能为经济发展与创新提供机会，另一方面也将对公共安全、国家安全和环境安全构成威胁[901]。其次，该法案还旨在履行新西兰在空间活动和空间技术方面的某些国际义务[902]。新西兰与美

[896] 《丹麦外层空间法》，第 21（4）节.

[897] 2017 年 7 月 10 日《外层空间与深空活动法》，《2017 年公共法》（新西兰）[以下简称：《新西兰空间活动法》].

[898] 《外层空间与深空活动法解释性说明》，1（新西兰）[以下简称：《新西兰空间活动法解释性说明》].

[899] 《新西兰空间活动法解释性说明》，1.

[900] 《新西兰空间活动法》，第 3 节 a.

[901] 《新西兰空间活动法解释性说明》，1.

[902] 《新西兰空间活动法》，第 3 节 b－d｜ 新西兰已签署并批准了《外层空间条约》《救援协定》和《责任公约》，参见：联合国和平利用外层空间委员会法律小组委员会，《截至 2017 年 1 月 1 日与外层空间活动有关的国际协定的现状》（2017）联合国文件 A/AC. 105/C. 2/2017/CRP. 7，9.

国签署了一项技术保障协议，允许从新西兰进行航天发射[903]。新西兰虽然尚未正式批准加入《登记公约》[904]，但已同意加入该公约，因此，法案也包含了对发射到轨道或空间的物体的登记规定[905]。该法案还针对从新西兰进行的某些深空活动制定了一系列控制政策[906]。最后，该法案的目的是保护新西兰的国家安全与利益[907]。

3.11.2 适用范围

与澳大利亚的法案类似，没有明确规定适用范围或确定单一通用许可证适用的活动范围，而是要求针对具体活动颁布单独许可证。因此，必须通过分析该法案规定的单独许可证来确定法规的适用范围。在讨论单独许可证之前，本节将首先讨论许可证的适用范围，从而确定法规的适用范围。

通过许可证可以看出，该法案适用于任何人从新西兰进行的运载火箭发射或在从新西兰发射的飞行器上进行的发射[908]，或者是由新西兰国民从新西兰境外进行的发射[909]，其中新西兰国民指新西兰公民或永久居民，或根据新西兰法律成立的法人团体[910]。该法案还适用于从位于新西兰的发射设施，或在从新西兰发射的飞行器/运载火箭上，又

---

[903] 《新西兰空间活动法解释性说明》，2.

[904] 联合国和平利用外层空间委员会法律小组委员会，《截至 2017 年 1 月 1 日与外层空间活动有关的国际协定的现状》（2017）联合国文件 A/AC. 105/C. 2/2017/CRP. 7，9.

[905] 《新西兰空间活动法解释性说明》，2.

[906] 《新西兰空间活动法》，第 3 节 e ｜《新西兰空间活动法解释性说明》，3.

[907] 《新西兰空间活动法》，第 3 节 f ｜《新西兰空间活动法解释性说明》，3.

[908] 《新西兰空间活动法》，第 7 节.

[909] 《新西兰空间活动法》，第 23 节.

[910] 《新西兰空间活动法》，第 4 节“新西兰国民”.

或者是由新西兰公民[911]从新西兰境外进行的有效载荷发射[912]。发射本身被定义为“导致起飞、离开或投放”，包括不成功的发射行为[913]。运载火箭和有效载荷之间的区别在于，运载火箭或其上的任何部件自行到达或打算到达外层空间，或者（正在/打算）携带有效载荷/支持有效载荷的发射[914]；相反，有效载荷是被携带/放置或拟被携带/放置到外层空间的物体，包括专门为该物体设计的运载火箭零部件，以及出于测试或非营利目的而被携带的载荷[915]。此外，该法案还适用于从位于新西兰的发射设施进行的发射活动[916]。

此外，如上所述，该法案将适用范围扩大到了深空飞行器发射[917]，其中，深空飞行器指飞行到、拟飞行到或能够飞行到深空的飞机或其他任何飞行器[918]。不过，进一步的监管规定已将某些飞行器排除在外。《2017 年外层空间与深空活动（深空飞行器定义）条例》在某些情况下将气球和火箭模型排除在深空飞行器之外[919]。就气球而言，如果有效载荷只是用于测量压力、温度和湿度、风速和风向、臭氧浓度或气溶胶，只是一台无线电探空仪或有效载荷是一台无线电探空仪加一台或多台臭氧探空仪、霜点探空仪或背向散射探空仪，则气球不被视为

---

[911] 《新西兰空间活动法》，第 15 节.

[912] 《新西兰空间活动法》，第 31 节.

[913] 《新西兰空间活动法》，第 4 节“发射”.

[914] 《新西兰空间活动法》，第 4 节“运载火箭”.

[915] 《新西兰空间活动法》，第 4 节“载荷”.

[916] 《新西兰空间活动法》，第 38 节.

[917] 《新西兰空间活动法》，第 45 节.

[918] 《新西兰空间活动法》，第 4 节“深空飞行器”.

[919] 2017 年 8 月 21 日《2017 外层空间和深空活动（深空飞行器定义）条例》，理事会 2017/251 号法令（新西兰）[以下简称：《新西兰深空飞行器条例》]，第 5、6 节.

深空飞行器[920]。此外，如果气球是由学校或教育机构出于教育目的发射，并且其上搭载的有效载荷仅用于显示其运行情况，此类型的有效载荷也易于被公众获得，则该气球不属于深空飞行器[921]。如果火箭模型由新西兰火箭协会的注册会员发射，则不被视为深空飞行器。此类火箭是一种非制导火箭，具有现成的推进装置和基本电子设备，除了降落伞、回收支持系统或用于描述或说明火箭运行情况的有效载荷外，没有搭载其他有效载荷[922]。

将深空活动纳入法案范围旨在“根据技术进步情况改进相关法规，确保以一致的方式处理用于相似功能的不同技术”[923]。深空的定义是，高于1990年新西兰《民用航空法》规定的管制空域最高上限和飞行高度层（60000英尺或18300米）之间较高者的高度[924]。因此，该法案实际上对管制空域（不适用）与深空、外层空间进行了区分。然而，法案并不包含外层空间的定义，这导致深空活动与空间活动之间的界限模糊不清。

3.11.3 立法主要内容

3.11.3.1 许可

如前所述，《新西兰空间活动法》采用的制度与《澳大利亚空间活动法》类似，即对不同空间活动颁布不同的许可证。本节将讨论法

[920] 《新西兰深空飞行器条例》，第5（1）节.
[921] 《新西兰深空飞行器条例》，第5（2）节.
[922] 《新西兰深空飞行器条例》，第6节.
[923] 《新西兰空间活动法解释性说明》，3.
[924] 《新西兰空间活动法》，第4节“高空”.

案中规定的各类许可证。然而，许可制度的基本原则是，在开展任何活动前，都必须获得相应的许可证。

（1）发射许可证（海外）

首先，法案对发射许可证作出了规定。该许可证适用于从位于新西兰的设施进行的运载火箭发射，或从新西兰发射的飞行器上进行的发射。禁止在未获得许可证的情况下进行此类发射[925]。许可证不限于某个特定的运载火箭，而是适用于采用同类运载火箭和相同设施、飞行器进行的多次发射[926]。法案规定了获得发射许可证的基本条件，包括[927]：

- 申请人必须具备进行安全发射的技术；
- 申请人已采取并将继续采取一切合理措施管理公共安全风险；
- 申请人制定了满足所有规定要求的轨道碎片减缓计划；
- 拟议发射既满足许可证的要求，又符合新西兰的国际义务；
- 申请人和拟议发射满足所有规定要求。

如果发射活动不符合国家利益，申请人被判定为不适合持有发射许可证，或已经或可能已经在行使许可证权利的人不再是合适人选，那么许可证将不予发放[928]。在评估发射活动是否符合国家利益时，将考虑以下方面：活动对新西兰经济利益或其他利益的影响，对国家安全、公共安全、国际关系或其他国家利益构成的风险，许可证条款能在多大程度上缓解风险，以及其他重要事项[929]。

---

[925] 《新西兰空间活动法》，第 7 节.
[926] 《新西兰空间活动法》，第 8（1）节.
[927] 《新西兰空间活动法》，第 9（1）节.
[928] 《新西兰空间活动法》，第 9（2）节.
[929] 《新西兰空间活动法》，第 9（3）节.

法案还规定了有可能实施的更多要求[930]。例如，被许可人必须按照许可证要求提供各拟议发射的日期、地点和预期轨迹，以及到达或计划到达外层空间的运载火箭各部分的预期和实际基本轨道详细参数[931]。此外，被许可人必须遵守各项要求，报告满足任何规定条件的外国许可证的变更、过期或吊销情况，运载火箭各部分脱离地球轨道的情况，积极与相关机构协商；在每次发射前获取最新气象信息；遵守条例中规定的所有条件，遵守其他所有规定条件[932]。此外，被许可人必须获得各有效载荷的有效载荷许可证、发射设施的设施许可证，以及拟议发射所需的所有其他同意、批准、许可等授权[933]。被许可人在开展发射等活动时，必须尽量减少对外层空间的污染或对地球环境的不利影响，顾及其他外层空间活动，同时遵守新西兰的国际义务和国内法律[934]。最后，可根据保险类型及金额，以及新西兰根据《责任公约》《外层空间条约》或国际法索赔的金额，在许可证中列出具体条件[935]。

发射许可证的期限由许可证本身决定，不过，许可证的最长有效期为5年，如果没有出现延期、吊销或暂停等情况，许可证将在5年后到期[936]。即使许可证到期，被许可人仍需履行义务，直至所有任务结束[937]。如果发射活动仍满足法案第9节规定的条件，则发射许可证可

[930] 《新西兰空间活动法》，第10节.
[931] 《新西兰空间活动法》，第10（1）节a.
[932] 《新西兰空间活动法》，第10（1）节b－e、h、i.
[933] 《新西兰空间活动法》，第10（1）节f.
[934] 《新西兰空间活动法》，第10（1）节g.
[935] 《新西兰空间活动法》，第10（2）、（3）节.
[936] 《新西兰空间活动法》，第11节.
[937] 《新西兰空间活动法》，第13节.

以再延长 5 年，届时被许可人需要遵守第 10 节规定的更多条件[938]。如果被许可人事先书面同意或提交了书面申请，又或者是有合理理由或需要基于许可证中规定的其他原因更改、吊销或暂停许可证，则许可证可以被更改、暂停或吊销[939]。许可证更改、暂停或吊销的合理理由包括：违反法案、条例或许可证条款的要求；出于国家安全、公共安全、国际义务或其他国家利益的需要；与发射许可证有关的外国许可证到期或被更改/吊销，且会对新西兰的国家安全、公共安全、国际义务履行或其他国家利益造成影响[940]。

虽然法案单独给出了运载火箭的海外发射许可证相关要求，但具体规定和其他发射许可证基本相同。开展海外发射活动同样需要许可证，许可证同样可用于多次发射，许可证中也规定了一些条款[941]。唯一的区别在于，海外发射许可证不包含某些条款，例如，积极与相关机构协商和遵守新西兰法律要求。

（2）有效载荷许可证（海外）

从新西兰发射有效载荷需要一个单独的许可证。如果没有有效载荷许可证，就不能发射有效载荷或购买发射服务[942]。与发射许可证类似，有效载荷许可证可适用于多个同类有效载荷[943]。要想获得许可证，需满足以下要求[944]：

---

[938] 《新西兰空间活动法》，第 12 节.
[939] 《新西兰空间活动法》，第 14（1）节.
[940] 《新西兰空间活动法》，第 14（1）节 c.
[941] 《新西兰空间活动法》，23 – 30.
[942] 《新西兰空间活动法》，第 15 节.
[943] 《新西兰空间活动法》，第 16 节.
[944] 《新西兰空间活动法》，第 17 节.

• 申请人已采取并将继续采取一切合理措施确保有效载荷的安全运行；

• 申请人有符合规定的轨道碎片减少计划；

• 拟议的有效载荷运行既满足许可证的要求，又符合新西兰的国际义务；

• 申请人和拟议的有效载荷运行同时满足许可证的要求和其他规定要求。

拟议活动如果不符合国家利益，就不能获得许可证。在评估发射活动是否符合国家利益时，将考虑以下方面：活动对新西兰经济利益或其他利益的影响；对国家安全、公共安全、国际关系或者其他国家利益构成的风险；许可证条款能在多大程度上缓解风险；其他重要事项[945]。

法案规定了更多其他条件。首先，提供每次拟议有效载荷发射的日期和地点，到达或计划到达外层空间的有效载荷的预期和实际基本轨道详细参数，以及与各个有效载荷相关的所有规定信息[946]。许可证持有人必须遵守各项要求；汇报满足所有规定条件的海外许可证、授权的变更、过期或吊销情况，或有效载荷脱离地球轨道的情况；遵守条例中规定的所有条件；遵守其他所有必要条件[947]。此外，许可证持有人应尽量减少有效载荷在运行过程中对外层空间的污染或对地球环境的不利影响，顾及其他空间活动，同时确保活动符合新西兰的国际

---

[945] 《新西兰空间活动法》，第 17（2）、17（3）节.

[946] 《新西兰空间活动法》，第 18（1）节 a.

[947] 《新西兰空间活动法》，第 18（1）节 b、c、e、f.

义务要求，避免对外层空间和地面无线电通信造成有害干扰[948]。此外，要想获得许可证，许可证持有人可能需要购买特定类型和金额的保险，并根据《责任公约》《外层空间条约》或国际法对新西兰提出的索赔金额，全部或部分赔偿给新西兰[949]。

有效载荷许可证规定了许可证的持续时间，可以是特定日期或特定事件（例如，有效载荷脱离轨道）[950]。与发射许可证一样，只有在与有效载荷运行相关的所有任务都结束后，许可证持有人才不必继续承担责任[951]。如果许可证持有人书面同意或提交了书面申请，又或者是有合理理由或需要基于许可证中规定的其他原因更改、吊销或暂停许可证，则许可证可以被更改、暂停或吊销[952]。可能导致有效载荷许可证被更改、暂停或吊销的合理理由与发射许可证相同，包括：违反法案、条例或许可证条款的要求；出于国家安全、公共安全、国际义务或其他国家利益的需要；满足所有有效载荷许可证规定条件的海外许可证、授权到期或被更改/吊销，且会对新西兰的国家安全、公共安全、国际义务履行或其他国家利益造成影响[953]。

与发射许可证和海外发射许可证类似，有效载荷海外发射的相关规定与从新西兰国内发射有效载荷的规定基本相同[954]。唯一的区别在于，海外发射许可证不包含第 18（1）节 d 项规定的条件。

---

[948] 《新西兰空间活动法》，第 18（1）节 d.
[949] 《新西兰空间活动法》，第 18（2）节.
[950] 《新西兰空间活动法》，第 19 节.
[951] 《新西兰空间活动法》，第 20 节.
[952] 《新西兰空间活动法》，第 21 节.
[953] 《新西兰空间活动法》，第 21（1）节 c.
[954] 《新西兰空间活动法》，第 31－37 节.

(3) 设施许可证

根据法案要求，在新西兰运营发射设施需要一个单独的许可证[955]。要想获得许可证，需满足以下要求[956]：

• 申请人必须具备安全运营发射设施的技术；

• 申请人已采取并将继续采取一切合理措施，对公众安全构成的风险进行管理；

• 发射设施的拟议运营符合新西兰的国际义务；

• 申请人和发射设施的拟议运营符合与发射设施有关的其他所有规定要求。

然而，即使满足了这些条件，如果发射设施的运营不符合国家利益，申请人被判定为不适合持有发射许可证，或已经或可能已经在行使许可证权利的人不再是合适人选，那么许可证将不予发放[957]。同样，在评估发射设施运营是否符合国家利益时，将考虑以下方面：活动对新西兰经济利益或其他利益的影响；对国家安全、公共安全、国际关系或者其他国家利益构成的风险；许可证条款能在多大程度上缓解风险；其他重要事项[958]。

此外，被许可人必须汇报符合所有规定条件的海外许可证或其他授权的到期、更改或吊销情况，并遵循与发射设施相关的规定条件和其他条件[959]。此外，可以设定条件，要求被许可人根据《责任公约》《外层空间条约》或国际法对新西兰提出的索赔金额，全部或部分赔

---

[955] 《新西兰空间活动法》，第 38 节.
[956] 《新西兰空间活动法》，第 40（1）节.
[957] 《新西兰空间活动法》，第 40（2）节.
[958] 《新西兰空间活动法》，第 40（3）节.
[959] 《新西兰空间活动法》，第 41（1）节.

偿给新西兰[960]。

设施许可证的有效期为 5 年，除非提前被延期、吊销或暂停，否则许可证将在 5 年后到期[961]。如果设施仍满足法案第 40 节规定的条件，则许可证可以再延长 5 年[962]，届时被许可人需要遵守更多规定[963]。如果被许可人书面同意或提交了书面申请，又或者是有合理理由或需要基于许可证中规定的其他原因更改、吊销或暂停许可证，则许可证可以被更改、暂停或吊销[964]。同样，合理理由包括：违反法案、条例或许可证条款的要求；出于国家安全、公共安全、国际义务或其他国家利益的需要；满足许可证规定条件的海外许可证、授权到期或被更改/吊销，且会对新西兰的国家安全、公共安全、国际义务履行或其他国家利益造成影响[965]。

（4）深空许可证

根据法案要求，对于不在发射许可证适用范围内的深空活动，需要单独申请深空许可证[966]。这意味着深空许可证仅适用于不属于发射许可证适用范围，但飞行高度的确高于 1990 年新西兰《民用航空法》规定的管制空域最高上限和飞行高度层（60000 英尺或 18300 米）之间较高者的活动[967]。与其他许可证一样，深空许可证可用于多次

---

[960] 《新西兰空间活动法》，第 41（2）节.
[961] 《新西兰空间活动法》，第 42 节.
[962] 《新西兰空间活动法》，第 43（1）节.
[963] 《新西兰空间活动法》，第 43（2）节.
[964] 《新西兰空间活动法》，第 44 节.
[965] 《新西兰空间活动法》，第 21（1）节 c.
[966] 《新西兰空间活动法》，第 45 节.
[967] 《新西兰空间活动法》，第 4 节“高空”.

发射[968]。

要想获得深空许可证，需满足以下要求[969]：

• 对于除飞机外的其他任何拟根据许可证发射的深空飞行器，申请人具备进行安全发射的技术；

• 对于除飞机外的其他任何拟根据许可证发射的深空飞行器，申请人已采取并将继续采取一切合理措施管理公共安全风险；

• 根据许可证提出的发射计划符合新西兰的国际义务要求；

• 申请人和拟议的发射符合所有规定要求；

• 对于拟根据许可证发射的深空飞行器，确认该飞机或该飞机运营商拥有 1990 年《民用航空法》中规定的相应许可证或其他文件；或者如果该飞机是外国飞机，确认该飞机已得到新西兰法律许可，并已考虑新西兰民用航空管理局局长提供的有关该飞机深空飞行安全性的所有建议或信息。

如果深空飞行器的拟议发射不符合国家利益，申请人被判定为不适合持有发射许可证，或已经或可能已经在行使许可证权利的人不再是合适人选，那么深空许可证将不予发放[970]。在评估深空活动是否符合国家利益时，将考虑以下方面：活动对新西兰经济利益或其他利益的影响；对国家安全、公共安全、国际关系或者其他国家利益构成的风险；许可证条款能在多大程度上缓解风险；其他重要事项[971]。

此外，被许可人必须提供每次拟议发射和操作的日期、性质、

---

[968] 《新西兰空间活动法》，第 46 节.
[969] 《新西兰空间活动法》，第 47（1）节.
[970] 《新西兰空间活动法》，第 47（2）节.
[971] 《新西兰空间活动法》，第 47（3）节.

位置、目的、预期持续时间和预期高度范围，以及拟携带的所有深空有效载荷的信息以及与每次发射有关的所有规定信息[972]。此外，被许可人必须遵守所有要求，报告深空飞行器的运行参数是否偏离预定参数，在有意改变深空飞行器的运行参数时获得事先批准，保证发射和操作遵循 1990 年《民用航空法》中所有的条例和规则、条例中规定的其他条件，以及其他所有条件[973]。最后，许可证还可以要求被许可人购买特定类型和金额的保险[974]。

如果被许可人事先书面同意或提交了书面申请，又或者是有合理理由或需要基于许可证中规定的其他原因更改、吊销或暂停许可证，则部长可以更改、吊销或暂停许可证[975]。合理理由包括：违反法案、条例或许可证条款的要求，以及出于国家安全、公共安全、国际义务或其他国家利益的需要[976]。

（5）一般规定

许可证需注意以下两点。其一，如果外国许可证被更改、吊销或暂停，且对新西兰的国家安全、公共安全、国际义务遵守或其他国家利益造成了影响，那么新西兰就有合理理由更改、吊销或暂停相应的国内许可证[977]。之所以包含这一合理理由，是因为外国许可证或授权是获得国内许可证的部分或全部条件[978]。其二，如果许可证持有人，

---

[972] 《新西兰空间活动法》，第 48（1）节 a.

[973] 《新西兰空间活动法》，第 48（1）节 b - g.

[974] 《新西兰空间活动法》，第 48（2）节.

[975] 《新西兰空间活动法》，第 49（1）节.

[976] 《新西兰空间活动法》，第 49（1）节 c.

[977] 《新西兰空间活动法》，第 14（1）节 c、第 21（1）节 c、第 30（1）节 c、第 37（1）节 c、第 44（1）节 c.

[978] 《新西兰空间活动法》，第 51（1）节.

或已经或可能已经在行使许可证权利的人并不适合拥有许可证，则许可证也会被撤销。该法案规定了确定许可证持有人是否合适的标准，即[979]：

- 该人对法规的遵循情况；
- 该人在航空或航天业的相关经验；
- 该人对相关法规要求的了解；
- 该人有无任何心理健康问题或严重行为问题；
- 该人有无犯罪史，若有，该罪行属于何种性质，无论定罪是否在新西兰法院进行或该罪行是否是在本法案生效前实施的；
- 其他任何可能重要的信息和证据。

另一个问题是，在未获得事先批准前，禁止变更许可证或许可人，此类变更会涉及利益转让或控制权变更，即行使或控制行使 50% 及以上[980]表决权的权力变更[981]。在申请转让或变更控制权时，申请人必须考虑并遵守法案和许可证的条款[982]。在控制权转让或变更方面可能有更多条款[983]。

最后，2017 年《新西兰执照与许可条例》对许可证申请程序以及此类申请中需提供的信息作出了规定。[984]

---

[979] 《新西兰空间活动法》，第 52 节.

[980] 《新西兰空间活动法》，第 53（6）节.

[981] 《新西兰空间活动法》，第 53（1）节.

[982] 《新西兰空间活动法》，第 53（4）节.

[983] 《新西兰空间活动法》，第 54 节.

[984] 2017 年 8 月 21 日《外层空间和深空活动（执照与许可）条例》，理事会 2017/250 号法令（新西兰）[以下简称：《新西兰执照与许可条例》].

3.11.3.2　保险

《新西兰空间活动法》不包含有关保险的具体或单独规定。相反，该法案在特定许可证条款中给出了保险类型及金额相关要求[985]。不过，法案的确根据建议在后续条例中详细说明了保险要求，法案条款规定："根据条例规定确定保险类型及金额"。

3.11.3.3　追索与责任

和保险一样，法案也不包含有关追索权的规定，而是在特定许可证中给出了赔偿的相关要求[986]。法案规定，如果涉及某些违法行为，即在没有许可证的情况下进行发射或操作，允许法院针对运载火箭或有效载荷造成或可能会造成的损害，命令新西兰赔偿《外层空间条约》《责任公约》或国际法中规定的赔款[987]。这一规定很有必要，因为，如果仅依据许可证中给出的赔偿要求，就意味着无须对无证开展的活动承担赔偿。

3.11.3.4　登记

法案没有对空间物体登记作出明确规定。法案只是规定，后续条例可以对必须登记的空间物体、必须对这些物体进行登记的人以及登记方式作出规定[988]。此外，条例还可以规定如何保存登记簿及其修订、谁可以查阅登记簿以及查阅登记簿所需的费用[989]。登记所需的大部分

---

[985] 《新西兰空间活动法》，第 10（2）节、第 18（2）节 b、第 26（2）节、第 34（2）节 b、第 48（2）节.

[986] 《新西兰空间活动法》，第 10（3）节，第 18（2）节 a、第 26（3）节、第 34（2）节 a、第 41（2）节.

[987] 《新西兰空间活动法》，第 76（2）节 b.

[988] 《新西兰空间活动法》，第 88（1）节 14.

[989] 《新西兰空间活动法》，第 88（1）节 15、16.

资料已成为申请许可证时需要提供资料的一部分[990]。

3.11.3.5 环境保护

法案没有作关于环境问题的详细规定。不过，许可制度中包含一部分环境影响和空间碎片相关要求。所有许可证都要求尽量减少对外层空间的污染或对地球环境的不利影响[991]。此外，有关外层空间实际活动的许可证要求持有人制定空间碎片减缓计划[992]。许可证条例中包含对此类减缓计划的要求。条例规定，轨道碎片减缓计划必须满足以下要求[993]。

- 如果申请人遵循国际或其他任何机构的轨道碎片减缓标准或指导原则，需对该标准或指南进行详细说明；
- 如果与申请人无关的个人或机构已对该计划进行了评估，则需详细说明个人或机构名称以及评估结果；
- 详细说明已采取或拟采取的轨道碎片减缓措施，这些措施必须足以确保：

—飞行器或有效载荷（视情况而定）在正常运行期间产生的碎片数量在一定限度内；

—尽可能降低飞行器或有效载荷（视情况而定）在在轨运行期间发生解体的可能性；

---

[990] 《新西兰空间活动法》，第10（1）节a、第18（1）节a、第26（1）节a、第34（1）节a、第48（1）节a.

[991] 《新西兰空间活动法》，第10（1）节g、i，第18（1）节d、f，第26（1）节e、第34（1）节e.

[992] 《新西兰空间活动法》，第9（1）节、第17（1）节、第25（1）节、第33（1）节.

[993] 《新西兰执照与许可条例》，第13节.

—尽可能降低飞行器或有效载荷（视情况而定）与在许可证范围外的其他活动中产生的碎片相撞的可能性；

—在许可证范围内的活动结束时，对飞行器或有效载荷（视情况而定）的处置应尽量减少对地球环境和太空环境造成的风险，包括碰撞风险。

3.11.3.6 法律执行

法案列举了大量违法行为。首先，禁止在没有必要许可证的情况下，从新西兰或海外发射运载火箭、运营发射设施或发射深空运载火箭[994]。同样，禁止在没有必要许可证的情况下，从新西兰或海外发射有效载荷或购买发射服务[995]。对于犯有这些违法行为的个人，处以5万美元罚款和/或最高1年监禁；对于犯有这些违法行为的法人，处以25万美元罚款[996]。如不遵守许可证的条款，也会受到类似的处罚[997]。对于在申请许可证授予或延期时，向执法人员提供虚假或误导信息的个人，最高处以1万美元罚款；对于犯有同样违法行为的法人，最高处以5万美元罚款[998]。法案还对很多其他违法行为作出了规定，其中最主要的是关于获取、移除、使用或干扰运载火箭、有效载荷、相关设备、技术数据或空间碎片的违法行为[999]。

---

[994] 《新西兰空间活动法》，第65，67、68节.

[995] 《新西兰空间活动法》，第66节.

[996] 《新西兰空间活动法》，第65（3）节、第66（3）节、第67（2）节、第68（2）节.

[997] 《新西兰空间活动法》，第70节.

[998] 《新西兰空间活动法》，第69、71节.

[999] 《新西兰空间活动法》，第72节.

第4章　替代法：卢森堡的国家空间法

卢森堡没有专门的国家空间法，而是选择采用其中一项国家法，以规范未来某些特定方面的空间活动。这一特定“方面”的法规可以被视为国家空间法的替代方案。本章讨论的是已正式通过的《空间资源勘探与利用法》。本章首先讨论了该法的历史与制定过程，包括国务委员会提出的相关问题，然后将讨论该法的实质内容。

4.1　基本依据

卢森堡是欧洲第一个拥有开发和利用空间资源国家法律框架的国家。2017 年 7 月 13 日，“众议院”以 55 票赞成、2 票反对的结果通过了该法律①，并于 2017 年 8 月 1 日生效②。

首先提出该法案③的卢森堡经济大臣艾蒂安·施奈德（Etienne

---

① 经济部，“卢森堡是第一个为探索和利用空间资源采用法律框架的欧洲国家”<https：//www.gouvernement.lu/7133870/13 - schneider - space>2017 年 7 月 18 日访问.

② 2017 年 7 月 20 日《空间资源勘探与利用法》，<http：//legilux.public.lu/eli/etat/leg/loi/2017/07/20/a674/jo>2017 年 10 月 13 日访问 ｜《空间资源勘探与利用法》（2017 年 7 月 13 日，英文版）.

③ 卢森堡大公国政府经济部，《关于探索和利用空间资源的法案》，<http：//www.gouvernement.lu/6481986/Projet - de - loi - espace——vers - presse.pdf>2017 年 10 月 13 日访问；《空间资源勘探与利用法草案》，英文版，2016 年 11 月 11 日.

Schneider）宣布："议会今天投票通过的这一法律框架，是卢森堡在成为空间资源开发和利用领域欧洲引领者路上迈出的一大步……卢森堡将成为首个根据国际法制定其本国法律的欧洲国家，这给私营运营商提供了一种保障，即他们拥有了在外层空间开采资源的所有权。"[4] 预计这将刺激卢森堡的"新航天"产业的创建和发展，有助于经济增长并推动卢森堡经济的多样化[5]。在金融中心发展的同时，卢森堡还在物流、科研和工业领域采取了举措[6]。在此期间，卢森堡吸引了四家公司：美国的"深空工业公司"和"行星资源"、日本的"ispace"和德国–卢森堡公司"蓝色地平线（Blue Horizon）"[7]。卢森堡甚至成为"行星资源"价值 2500 万欧元的股东，以期效仿 1985 年与欧洲卫星公司（SES）建立的公私合作模式，在欧洲卫星公司，卢森堡占股

---

④ 翻译自法语原文："Avec le cadre juridique que le Parlement vote aujourd" hui, le Grand - Duché fera un pas majeur supplémentaire pour se positionner comme pöle européen en matière d'exploration et d'utilisation commerciales des ressources spatiales. (...) Le Luxembourg deviendra ainsi le Premier pays européen à metre en place une législation conforme au droit international et qui donne aux opérateurs privés desassays quant à la propriété des ressources qu'ils extraient dans l'espace", 源自"卢森堡关于空间资源开采的立法"（《科学与未来》, 2017 年 7 月 13 日）< https: //www. sciencesetavenir. fr/espace/leluxembourg - legifere - sur - l - exploitation - miniere - des - ressources - spatiales_ 114764>2017 年 7 月 18 日访问.

⑤ "卢森堡准备探索空间资源"（《RTSINFO》, 2017 年 7 月 14 日）<https: //www. rts. ch/info/monde/8777458 - le - luxembourg - se - prepare - a - exploiter - les - ressources - de - l - espace. html>2017 年 10 月 9 日访问.

⑥ "卢森堡启动空间交易"（《本质》, 2017 年 7 月 13 日）<http: //www. lessentiel. lu/ fr/luxembourg/story/30770329>2017 年 7 月 18 日访问.

⑦ "卢森堡启动空间交易"（《本质》, 2017 年 7 月 13 日）<http: //www. lessentiel. lu/ fr/luxembourg/story/30770329>2017 年 7 月 18 日访问.

17%[8]。此外，致力于该领域研究的企业也有望得到政府支持[9]。

该法律似乎受到了 2015 年美国《空间资源勘探与利用法》的极大影响，同时也显示出一些特殊性，即卢森堡的经济增长受到金融和银行业的强烈影响并以此为基础。然而，必须强调的是，卢森堡这项法律是继美国《空间法》之后的第二部此类法律，并非为其他欧洲国家全面认可。"欧盟的几个成员国并没有朝着这个方向前进……当我们说可以在未来取得所有资源时，就像打开了潘多拉魔盒，导致了资源的浪费和资源回收利用的终结。"[10]

事实上，由于《外层空间条约》第二条规定了不得据为己有原则，对国际空间法相关条款的解读存在很多争议[11]。这一在冷战时期被列入《外层空间条约》的原则禁止对外层空间进行任何形式的占有以避免各种冲突。因此，有人认为："卢森堡或美国对这些条约的单边解读非常值得商榷……但其他航天大国却很少就此发声，因为他们明

---

⑧ "卢森堡启动空间交易"（《本质》，2017 年 7 月 13 日）<http：//www. lessentiel. lu/fr/luxembourg/story/30770329>2017 年 7 月 18 日访问.

⑨ Audrey Dufour，"卢森堡会侵占空间吗?"（《拉克鲁瓦》，2017 年 8 月 1 日）<https：//www. la－croix. com/Sciences－et－ethique/Sciences/Le－Luxembourg－sapproprie－lespace－2017－08－01－1200866985>2017 年 10 月 13 日访问.

⑩ "Mais le projet luxembourgeois d'exportation et d'utilisation des ressources spatiales ne fait pas l'unanimité. ' Plusieurs États membres de l'Union européenne ne vont pas dans ce sens－là. (...) Quand on dit qu'on peut avoir accès à tous les matériaux à l'avenir, on ouvre la boîte de Pandore vers un gaspillage des ressources et la fin du recyclage parce qu'on se dit qu'on en aura autant qu'on le souhaite"，源自"大公国：空间资源探索法"（《拉默斯》，2017 年 7 月 13 日）< http：//www. lameuse. be/1884995/article/2017－07－13/grand－duche－une－loi－pourexploiter－les－ressources－spatiales>2017 年 7 月 18 日访问.

⑪ 卢森堡已签署并批准了《外层空间条约》《责任公约》及《营救协定》，参见：联合国和平利用外层空间委员会法律小组委员会，《截至 2017 年 1 月 1 日与外层空间活动有关的国际协定的现状》（2017）联合国文件 A/AC. 105/C. 2/2017/CRP. 7，8.

白，他们需要私人投资者来延续空间活动，虽然其中部分国家和地区本身不再有这类预算。”⑫ 还有人士将这些项目视为长期赌注⑬。

4.1.1　卢森堡《空间资源勘探与利用法》的起源

2016 年 2 月，卢森堡副首相兼经济大臣艾蒂安·施耐德提交了一项开发利用空间资源的法律草案，该草案于 2016 年 11 月 15 日公诸于世。此后，各方一直在讨论其内容，人们的关注重点是草案是否符合《外层空间条约》的相关规定。在讨论过程中，施耐德宣称：“鉴于外层空间条约并未作出明确规定，因此也没有加以禁止”⑭。这一声明引起了广泛辩论⑮。然而，经济大臣认为只有一个限制：“与全人类共享，这便是卢森堡在这一领域政策的限制规定”⑯。

---

⑫ “L'interprétation unilatérale que font le Luxembourg ou les États - Unis de ces traités est très discutable（...）Mais les autres puissances spatiales ne disent pas grand - choose car elles ont compris qu'elles ont besoin desinvestisseurs privés poursuivre leurs activités spatiales. Les États eux - mêmes n'ont plus les budgets pour le faire”，源自 Marie - Alix Maes，“卢森堡依赖空间资源的开发”（《拉默斯》，2017 年 7 月 14 日）<http：//www. la - croix . com/Sciences - et - ethique/Sciences/Le - Luxembourg - mise - lexploitation - ressources - spatia les - 2017 - 07 - 14 - 1200862878>2017 年 7 月 18 日访问.

⑬ Hayat Gazzane，“卢森堡空间采矿的疯狂项目”（《费加罗报》，2016 年 2 月 5 日）<http：//www. lefigaro. fr/conjoncture/2016/02/05/20002 - 20160205ARTFIG00086 - le - projet - fou - du - luxembourg - d - exploitation - de - mines - dans - l - espace. php>2017 年 7 月 18 日访问.

⑭ “Vu que ce n'est pas clair，ce n'est pas interdit non plus！”源自 Jean - Michel Gaudron 与Jean -Michel Hennebert，“脚踏实地的国务委员会”（《卡纸》，2017 年 4 月 11 日）<http：//paperjam. lu/news/le - conseil - detat - garde - les - pieds - sur - terre>2017 年 4 月 25 日访问.

⑮ “空间采矿法律框架的现存问题”（《5 分钟》，2017 年 4 月 10 日）<http：//5minutes. rtl. lu/grande - region/luxembourg/1024663. html>2017 年 5 月 25 日访问.

⑯ “Partager avec l'ensemble de l'humanité，telle serait la limite de la politique luxembourgeoise dans ce domaine，a dit Etienne Schneider”源自“资源永远不能属于卢森堡”（《5 分钟》，2017 年 4 月 11 日）<http ：//5minutes. rtl. lu/grande - region/luxembourg/1024761. html>2017 年 4 月 25 日访问.

4.1.2 国务委员会关注法律的确定性

2016 年 11 月 16 日，商务部发表了《商务部意见》[17]。此外，2017 年 4 月 7 日，国务委员会同样也发布了《国务委员会意见》，表达了强烈关注[18]。国务委员会在“总体考虑因素”中强调，正如草案作者本人在文件中所述，该法案的首要目的，是制定“一个法律和监管框架，为在小行星上开采矿物和进行其他宝贵空间资源开采的所有权提供法律确定性”[19]。遗憾的是，国务委员会在《国务委员会意见》中指出：有关开发和利用的国际法律框架并不明确，围绕天体资源开采的所有权问题也不能被认作是完全解决了。因此，国务委员会强调，此条国家法律试图规范开采资源的利用问题，不能提供空间资源法草案作者试图通过这项法律实现的“法律确定性”[20]。

此外，国务委员会还表示，法案应确保“对空间资源开发任务的批准和监督，包括勘探和利用活动”[21]。因此，国务委员会提到了《外层空间条约》第二条中的不得据为己有的原则，其中规定“各国不得

---

⑰ 《商务部意见》，第 7093 号法案，《关于空间资源的勘探与利用》（4755GKA/ZLY）. <http：//www. cc. lu/uploads/tx_ userccavis/4755GKA_ ZLY_ Exploration_ et_ utilisation_ des_ ressources_ espace. pdf>2017 年 7 月 18 日访问［以下简称：《商务部意见》］.

⑱ 《国务委员会意见》，No CE：51. 987，　《空间资源勘探与利用法》. <http：//www. conseil - etat. public. lu/content/dam/conseil_ etat/fr/ avis/2017/07042017/51987. pdf>2017 年 4 月 25 日访问［以下简称：《国务委员会意见》］.

⑲ 《国务委员会意见》，总体考虑因素 ｜ 卢森堡大公国政府经济部，《空间资源勘探与利用法草案（翻译版）》，2016 年 11 月 11 日，1 ｜ Paule Gonzales，“迈向外空权利第一步”（《费加罗报》，2017 年 7 月 21 日）.

⑳ 《国务委员会意见》，5.

㉑ 《国务委员会意见》，1，参见：“l’agrément et la monitoring des Missions d’exploitation des ressources de l’espace, l’exploitation visant tant l’exploration que l’utilisation”.

由国家通过主权要求、使用或占领等方法，将包括月球与其他天体在内的外层空间据为己有”，这一点在《月球协定》第 11 条中得到了体现。在审查了当前就此原则存在分歧的国际学说之后，国务委员会得出结论：“《外层空间条约》没有对这些资源的所有权问题采取任何立场，而解决所有权问题正是处于审议阶段的草案的主要目标”㉒。然而，国务委员会补充道，《外层空间条约》并未明令禁止空间资源成为私人的商业所有对象，但确定了以此方式占有空间资源的方式是不可取的㉓。于是，国务委员会坚信，只能通过修改《外层空间条约》来实现将空间资源的商业化。修订条约虽具有风险，但将具有广泛的影响，所有缔约国都必须同意修订㉔。

经济委员会支持该举措，并对国际法在空间资源的商业开发方面保持沉默表示遗憾，主张在这方面达成新的多边协议，以填补《外层空间条约》的空缺㉕。经济大臣还强调，这一法案于刺激更新《外层空间条约》的背景下提出：“与该主题相关的最新立法文本需追溯到 1967 年，当时空间资源的开采‘仍属于科幻的范畴’”㉖。

此外，国务委员会还进行了多次审议。在这种情况下，有人表示，

㉒ 《国务委员会意见》，3，参见：“Le Traité sur l’Espace ne prend pas position sur la question des droits de propriété sur ces ressources, ce qui constitue pourtant l’objectif principal du projet de loi sous Examen”.

㉓ 《国务委员会意见》，3.

㉔ 《国务委员会意见》，6.

㉕ 众议院，《空间资源勘探与利用法草案》，Nr. 7093，15. 6. 2017，3［以下简称：《卢森堡众议院草案》］.

㉖ “Les derniers textes législatifs sur le sujet remontent à 1967 et à cette époque, le Spacemining “relevait encore de la science - fiction”, selon le ministre de l’Économie”，源自“空间采矿法：资源永远不能属于卢森堡”（《5 分钟》，2017 年 4 月 11 日）<http://5minutes. rtl. lu/grande - region/luxembourg/1024761. html>2017 年 4 月 25 日访问.

即使私人可能会占用空间资源（类似于美国规定设想），但该草案并未符合草案起草者的意图，即增强所涉运营商的法律确定性。相反，对于部分内容，法律确定性反而被削弱了。即使卢森堡建立了允许私人占有外层空间资源的法律制度，问题仍在于如何确保其他国家接受并承认卢森堡认可的所有权。此外，即使运营商的总部依法设在卢森堡，他们也需要使用发射设施将收集到的资源带回地球，但这些发射设施可能属于不承认空间资源所有权的国家。此外，卢森堡在其境内可能没有足够的工业能力，来进一步充分利用所收集的空间资源，这意味着资源必须被运往其他国家。那么，问题出现了：不同意太空开采活动的其他国家，是否可以没收这些资源。还有可能会出现如何保护位于小行星上的授权开采区的问题，以及草案起草者如何根据卢森堡国家法，确保有权开采空间资源的人的权利，以应对潜在的其他行为者提出的索赔。因此，国务委员会得出结论，在小行星上保护某个区域会导致主权主张，这一行为是《外层空间条约》第二条所禁止的，也违背了《外层空间条约》第一条的宗旨："各国应在平等的基础上，根据国际法自由地探索和利用外层空间，自由进入天体的一切区域"㉗。

此外，考虑到保障法律的确定性，国务委员会提出疑问：如何确定管辖法院对保障财产所有权的承认，又如何确保对该司法裁决的承认㉘。

最后，国务委员会强调，鉴于空间资源开发只能依据国际空间法

㉗ 《国务委员会意见》，7.

㉘ 《国务委员会意见》，7.

且在其框架下进行，该草案并未授予空间资源开发的无限权利。就此层意义而言，《外层太空条约》第四条规定，外层空间活动应当秉持和平目的进行。

4.2　卢森堡关于空间资源开采的规定

尽管卢森堡空间法同样制定了行政条例，下文也仅分析卢森堡空间法与国际空间法相关的条款。鉴于这些条例深受国家制度的影响，也因国家而异，所以更多地被认为是纯粹的国家利益。

4.2.1　空间资源的使用

卢森堡空间法规定："空间资源能够被占用"[29]。草案中此句的第二部分表明，"该规定是根据国际法提出的"，随后，该半句应国务委员会的要求被删除了。

草案的起草者强调，《外层空间条约》第二条明确规定，"各国不得由国家通过主权要求、使用或占领等方法，将包括月球与其他天体在内的外层空间据为己有"。起草者还强调，虽然该条规定天体本身不能被占用，但并未涉及就地空间资源。由于卢森堡法律仅涉及空间资源及其所有权，所以，这些规定是符合国际空间法的，尤其符合《外层空间条约》的第二条[30]。此外，还可参考美国《空间资源勘探与利

---

[29] 《空间资源勘探与利用法》（2017 年 7 月 20 日），第 1 条，卢森堡，第 1 节［以下简称：《卢森堡空间法》］.

[30] 卢森堡大公国政府经济部，《空间资源勘探与利用法草案》，卢森堡，9［以下简称：《卢森堡空间法草案》］.

用法》，该法案也采取了类似的手段。进而，草案还讨论了不仅在卢森堡，而且在法国和比利时都具备有效的完善且持久的财产法和开采制度。1804年起草的《民法典》第544条对开采相关的产权进行了规范，当时没有人会想到任何空间活动以及这些条款对空间资源的适用。但空间法的作者表示，在小行星上开采资源的法律地位等同于在地球上传统采矿的法律地位。通过这一参考，卢森堡空间法旨在强调，受法国启发的航天国家在处理类似开采法方面，具有悠久的传统和丰富的经验㉛。

因此，早在1810年，法律就通过特许权法案保障了地表所有者对已让出的矿产品的权利，“赋予矿永久所有权”，同时还指出“在让出矿时……矿所有权将与地表所有权区别开来”㉜。

此项表述确实可以表明，立法者自18世纪初就已经引用该条款并处理了各类关于采矿特许权的问题㉝。但是，地表所有权与矿所有权不同，矿所有权构成独立所有权，非必须属于地表所有者。然而，国务委员会明确质疑这一类比，原因在于所开采矿下的领土属于国家主权。因此，由于外层空间禁止主权主张，地下采矿与开采小行星有很大不同㉞。

㉛ 《卢森堡空间法草案》，8，参见：“le droit d’inspiration francophone a dès le début du XVⅢe siècle eu à connaitre de situation juridiques compares à celles qui font l’objet du présent article”.

㉜ 《卢森堡空间法草案评注》，8.

㉝ 《卢森堡空间法草案评注》，8.

㉞ 《国务委员会意见》，9.

4.2.2　商业经营者的授权及其承担的责任

草案的第 2 条规定："未获主管经济和空间活动大臣（以下简称"大臣"）的书面授权，任何人都不得探索或使用空间资源。"[35] 然而，后来相关人员对此节规定进行了重大修改，由于各款补全了初始的表达，所采纳的版本用词更为精准[36]：

第 2 条

1）未获主管经济和空间活动大臣（以下简称"大臣"）的书面授权，任何人不得探索或使用空间资源。

2）任何人均无权通过他人，或作为进行此类活动的中间人，进行第 1 款所述活动。

3）已获授权的运营商只能根据授权条件和卢森堡的国际义务开展第 1 款所述活动。

4）本法不适用于卫星通信、轨道位置或频段的使用。

采纳这些修改，是考虑到了国务委员会对最初规定不明确的关注。问题的关键在于哪些行为者应申请授权，哪些行为者又不需要申请授权。是只有开发空间资源的直接运营商，还是所有其他间接参与者，例如负责开采空间资源的人员，也应申请授权？国务委员会就此存疑：若所有间接运营商都应申请授权，该行为是否符合欧盟准则[37]。

之所以添加这些更改，也是因为国务委员会表示，草案中的条款缺乏确定性，因为最初的版本仅规定："未获主管经济和空间活动大臣

---

[35] 《卢森堡空间法草案》，第 2 节.

[36] 《卢森堡空间法》，第 2 节.

[37] 《国务委员会意见》，10.

的书面授权，任何人都不得探索或使用空间资源。”[38] 虽然该条款看似具有明确的规定，即行为者身份的私人或实体需要获得相关部门的授权，但国务委员会认为这一条款表述不够准确[39]。这是因为国际法在优先级上高于国家法，此外，国际法对公民并没有直接管辖权，只能约束国家。国务委员会指出，美国以一种不同的方式参考了国际法，即美国在第 51303 条法规中规定，空间资源探索必须符合适用的法律，包括美国所遵守的国际义务[40]。因此，参考国际法，相关人员对该条款进行了扩充：“已获授权的运营商只能根据授权条件和卢森堡的国际义务开展第 1 款所述的活动。”[41]

此外，该法规定：“在向大臣提出书面申请后，经营者有权进行商业性的探索和利用空间资源的活动[42]。”由此看来，该法仍然侧重于商业性探索和利用，没有阐明出于科学研究目的所进行活动的情况。此法事先就已受到了国务委员会的批评[43]。

再者，该法规定：“所授权仅属于私人，不可转让。”[44] 相比之下，草案覆盖范围更广：“授权对象仅限于其所涵盖的特定任务，授权对象所获授权具有时限，但此时限可延长。所授权仅属于私人，不可转让。”[45] 这一变化出于对国务委员会的《国务委员会意见》的考虑，

㊳ 《卢森堡空间法草案》，第 2 节.
㊴ 《国务委员会意见》，9.
㊵ 《国务委员会意见》，9.
㊶ 《卢森堡空间法》，第 2（3）节.
㊷ 《卢森堡空间法》，第 3 节.
㊸ 《国务委员会意见》，9.
㊹ 《卢森堡空间法》，第 5 节.
㊺ 《卢森堡空间法草案》，第 5 节.

《国务委员会意见》质疑了这一划界的定义与确定的各种问题[46]。

此外，代表团的授权不再局限于草案中所提议的“根据卢森堡法律成立的法人，形式为股份有限公司或有限合伙公司”的申请人[47]。相反，“只有当申请人是卢森堡法律认可的股份有限公司（société anonyme）、有限合伙公司（société en commandite par actions）、有限责任公司（société à responsabilité limitée）或注册地在卢森堡的欧洲公司（société européenne）时，才可以被授权”[48]。之所以进行这一扩充，是因为国务委员会对草案中的限制存疑，并建议授权对象除所提及的对象外，还应包括欧洲公司[49]。

最后，国务委员会要求在卢森堡空间法第 1 条和第 2 条的语境下，进一步阐明卢森堡应承担的关于《外层空间条约》第六条和污染地球环境时的国际责任[50]。根据《外层空间条约》第六条和第九条，行为主体的责任须由其和其所在国家共同承担，即具有行为者（私人）和国家（即卢森堡）的双重责任。因此，国务委员会关注的重点是《外层空间条约》第六条，该条规定了国家活动的国际责任。此外，国务委员会还表示，若开采空间资源污染外层空间环境，可能会违反《外层空间条约》的第九条。国务委员会指出，尽管如此，这些国际规定并未阻止美国就该事项颁布法律。

---

[46] 《国务委员会意见》，13 | 《卢森堡众议院草案》，10.

[47] 《卢森堡空间法草案》，第 4 节.

[48] 《卢森堡空间法》，第 4 节.

[49] 《国务委员会意见》，12 | 《卢森堡众议院草案》，10.

[50] 《国务委员会意见》，10.

4.2.3 风险范围与处罚

就依法开展活动所带来的风险，草案提出了以下案文："授权的条件是，被授权者有经济基础应对所申请授权任务的相关风险。"[51] 这一规定由于没有明确指明经济基础的金额，由此导致的法律不确定性招致了国务委员会的批评。出台法律是为了澄清并规范特定情况，不是进一步造成法律不确定性。因此，国务委员会正式反对了这项规定[52]。结果，由于该意见，经济委员会重新制定了这项规定[53]。

第 10 条

1）申请授权必须附有风险评估，应通过个人财务手段、与被授权者不属于同一集团的保险公司的保险单或信贷机构的担保来明确风险的承保范围。

2）授权应以拥有与应对相关风险相匹配的经济基础为条件。

因此，修订后的条款要求运营商进行风险评估，并提供如何应对风险的手段，该风险非必须由保险单承保。此外，初稿的第二段被删除，即"此经济基础的形式是股本和保险单、保险公司或信贷机构提供的类似担保，且这些形式不得与申请人属于同一集团"[54]。该条款已被取代为："授权应以拥有与应对相关风险相匹配的经济基础为条件"。因此，考虑到这一事实，对于将来的此类新活动而言，风险的衡量将非常有难度，且此风险可能不仅由银行或保险公司承担[55]。

---

[51] 《卢森堡空间法草案》，第 10 节.
[52] 《国务委员会意见》，17.
[53] 《卢森堡空间法》，第 10 节.
[54] 《卢森堡空间法草案评注》，15.
[55] 《卢森堡众议院草案》，5.

此外，草案还要求提供责任书（cahier des charges），以便获得授权（“申请授权应附有责任书”），并提及 1991 年 7 月 27 日修订的《电子媒体法》第 20 条囊括了类似的义务[56]。该法没有建立授权制度，而是建立了特许权机制，即让与人就其所让与的内容具有的权利[57]。但是，所有涉及空间资源的特许权都将违反《外层空间条约》第二条规定的不得据为己有原则。因该草案拟议的条款未尊重国际法的首要地位，国务委员会就此再次正式表示反对[58]。因此，必须对该条款进行修订，并摒弃责任书的概念[59]。经济委员会采取了一项新措施，目前的规定如下：“授权应说明被授权者满足第 1 节第 6~11 条的条件，包括：在卢森堡境内外进行的活动；与任务相关的限制条件；以监督特派团的形式；确保被授权者遵守其义务”[60]。这一措施提高了相关部门同意授权的可能性，使其不再受原本所列条目的限制[61]。

该草案还规定：“获得任务授权的运营商应承担任务期间造成的所有损害的全部责任，包括准备工作期间与履行职责期间。”[62] 然而，国务委员会讨论了这条规定的意义，并主张将其删除，因为很明显，行为人应对其造成的所有损害负责。上述责任并不排除《外层空间条约》第六条规定的国家责任，国家负有主要责任时，仍可以追索运营商的责任[63]。因此，卢森堡空间法规定：“大臣负责对已获授权的运营

[56] 《卢森堡空间法草案》，第 12 节.

[57] 《国务委员会意见》，19.

[58] 《国务委员会意见》，19.

[59] 《卢森堡众议院草案》，6.

[60] 《卢森堡空间法》，第 12 节.

[61] 《卢森堡众议院草案》，6.

[62] 《卢森堡空间法草案》，第 15 节.

[63] 《国务委员会意见》，22.

商进行持续监督”[64]。附加条款规定：“获得任务授权的运营商应承担任务期间造成的所有损害的全部责任，包括准备工作期间与履行职责期间”[65]。

最后，法案就违反规定制定了刑事制裁，根据违反规定的类型和程度，可能进行罚款和/或监禁[66]。制裁的制定考虑了国务委员会的建议：将刑罚明确分配给法律中相应的各项条款[67]。

---

[64] 《卢森堡空间法》，第 15 节.
[65] 《卢森堡空间法》，第 16 节.
[66] 《卢森堡空间法》，第 18 节.
[67] 《卢森堡众议院草案》，8.

第5章　各国空间法规比较分析

本书已讨论了12个不同国家的空间法规，不同国家的空间法主旨相同，虽方法表达不同，但都遵守且履行了国际义务。相关国际义务在第2章已进行过讨论，包括国家活动的国际义务、“发射国”空间物体的国际义务，以及“发射国”空间物体登记。本章将比较分析讨论过的法规。首先，将侧重分析法律规定的空间活动范围（第5.1节）。其次，将比较法律的标的物，包括授权、保险、追索和赔偿责任、环境保护、执法、事故和空间物体的返还（第5.2节）。将在最终结论中提到卢森堡空间法，但不会被纳入本章的比较分析。因为，卢森堡空间法专注于空间资源开采这项特定活动，不可能将其与第3章中较全面的国家空间法规进行逐项比较。此外，本章不会比较法律的细枝末节。如果将各国空间法规进行过于详细的比较，分析过程就会变得复杂难懂，这完全没必要。尤其是考虑到这些细枝末节大多和程序与技术相关，例如，许可证申请应发送给哪个政府机构等。

5.1　适用范围

《外层空间条约》规定了各国在外层空间，包括在月球和其他天体，进行国家活动应承担的国际责任。然而，国际空间法并未充分规定并描述这一国际责任。义务的范围也不明确。首先，该条约没有定义“国家活动”或“有关国家”一词。这导致了缔约国不清楚需要监管哪些空间活动。是监管在国际法管辖范围内的活动，还是监管在有效控制权范围内的活动，还是监管成员国的任何国民、个人或法人的活动。此外，国际空间法没有规定空气空间和外层空间的界限，也没有明确界定哪些活动应被视为空间活动。因此，根据一个缔约国的划界，某些活动可能被视为空间活动，而另一个缔约国因划界不同，相同的活动可能就不被视为空间活动，例如，亚轨道飞行的界定就并不严格。由于丹麦选择将海拔 100 千米以外的空间划定为外层空间①，在该划界之上进行的任何活动都将被定义为空间活动，包括亚轨道飞行。相比之下，比利时采取了一种更实用的方法，将亚轨道飞行排除在其国家空间法规范围之外，因为飞行高度没有达到或高出地球轨道②。这个例子说明了，在缔约国之间，监管和纳入国家空间法规的活动范围有所不同。因此，将比较上述国家法律规定的范围（表 5－1）。

表 5－1　法规适用范围

国家	属地和属人范围	事务范围	外层空间划界方法
瑞典	领土管辖权和准领土管辖权(依据开展活动的地点)和属人管辖权(依据运营者的国籍)	法规范围包括外层空间的任何活动。明确提及对空间物体的发射、运行、控制和返回的监管	功能方法

① 《丹麦外层空间法》，第 4 节 4.

② 《比利时修正法草案》，9.

续表

国家	属地和属人范围	事务范围	外层空间划界方法
英国	仅限属人管辖权;该法规仅适用于英国国民从事的活动,无论其位于何处	法规范围包括外层空间的任何活动。明确提及对空间物体的发射、运行、控制和返回的监管	功能方法
澳大利亚	领土管辖权、准领土管辖权(依据开展活动的地点)和属人管辖权(依据运营者的国籍)	空间物体的发射和返回以及发射设施的运行	外层空间定义为海拔 100 千米以外的空间
中国	领土管辖权、准领土管辖权(依据开展活动的地点)和属人管辖权(依据运营者的国籍)	宇宙飞船的发射	功能方法
比利时	主要是领土和准领土范围,包括在领土、设施、船舶上进行的活动。通过国际协定将法规范围扩大到比利时国民	法规监管空间物体的发射、运行、控制和返回	功能方法
荷兰	主要是领土和准领土范围,包括在领土、设施、船舶上进行的活动。当在未签订联合国空间条约的国家进行活动时,法规范围扩大到荷兰国民	法规监管空间物体的发射、运行、控制和返回	功能方法
法国	对于发射活动,采用领土、准领土和属人管辖权;对于空间物体控制,采用属人管辖权(任何法国运营者);对于空间物体返回,三种范围都适用,但属人范围仅限于法国运营者	法规监管空间物体的发射、运行、控制和返回	功能方法
奥地利	领土管辖权、准领土管辖权(依据开展活动的地点)和属人管辖权(依据运营者的国籍)	法规监管空间物体的发射、操作、控制和返回,监管发射设施的运行	功能方法

续表

国家	属地和属人范围	事务范围	外层空间划界方法
印度尼西亚	领土管辖权、准领土管辖权(依据开展活动的地点)和属人管辖权(依据运营者的国籍)	在地球上、从地球上、在空气空间以及外层空间进行的空间探索和利用	外层空间被定义为空气空间之外的空间(空气空间为地球周围存在气态空气的空间)
丹麦	领土管辖权、准领土管辖权(依据开展活动的地点)和属人管辖权(依据运营者的国籍)	法规监管空间物体的发射、运行、控制和返回,以及与此相关的其他必要活动	外层空间定义为海拔 100 千米以外的空间
新西兰	领土管辖权、准领土管辖权(依据开展活动的地点)和属人管辖权(依据运营者的国籍)	运载火箭的发射、有效载荷的运送和发射设施的操作	区分空气空间、深空和外层空间,深空的范围在《民用航空法》规定的空气空间上限和离地高度 60000 英尺之间,通过功能方法区分深空和外层空间

在分析选定的国家空间法规时，区分了属地、属事和属人，或者说，立法的领土、事项和人的法律范围。但是，法律通常不会分别规定领土、事项和人的范围。相反，这些条款通过结合领土、事项和人的范围来定义法律范围。例如，《奥地利外层空间法》规定，该法适用于在奥地利领土上进行（定义了属地和属人）或由奥地利国民实施（扩大属人范围）的空间活动（定义了属事）③。

③ 《奥地利外层空间法》，第 1（1）节.

5.1.1 属地和属人范围

然而，尽管上文说到各国法律范围不同，但仍可以找出相似之处。这些国家采取的最常见方法是同时应用属地（类属地）管辖权和属人管辖权。这意味着各国选择将其国家空间法规的范围扩大到在其领土上进行的任何活动（即属地管辖权），以及从其管辖下的设施、船舶或平台进行的任何活动（即类属地管辖权）。此外，当这些国家在领土外开展受监管的活动时，其国家空间法规适用于本国国民（即属人管辖权）。瑞典、中国、澳大利亚、印度尼西亚和丹麦都使用了这种方法④。而且，从澳大利亚和新西兰的国家空间法规中提取信息后，可以得出结论，二者应用了相同的领地和人的范围。也就是说，任何在新西兰或澳大利亚的领土/管辖下的活动，和任何新西兰或澳大利亚国民进行的活动，都在法规的范围内⑤。所以，选择这种方法的国家将《外层空间条约》的第六条解释为：条约要求对其领土或准领土管辖权下的活动进行监管，以及对其国民的活动进行监管，即使他们没有这种管辖权。

法国选择的方法基本相同，但根据不同的空间活动，规定了不同的范围。《法国空间活动法》适用于法国领土内的、法国管辖权范围内的、法国管辖权外的由法国人操控的、发射或预定发射的空间物体和返回地球的空间物体⑥。此外，《法国空间活动法》适用于在法国管

---

④ 《瑞典空间活动法》，第 2 节 | 《中国发射许可暂行办法》，第 2 条 | 《奥地利外层空间法》，第 1（1）条 | 《印度尼西亚空间法》，第 5 节 | 《丹麦外层空间法》，第 2 节.

⑤ 见第 3.3.2 与 3.11.2 节.

⑥ 《法国空间活动法》，第 2 节 1、2.

辖范围以内或以外的运行空间物体的法国运营者[7]。需要注意，法国空间法使用“运营者”一词，而不是“国民”，其定义为负责独立开展空间活动的任何自然人或法人[8]。尽管法国空间法中的“运营者”基本类似于其他空间法中的“从事空间活动的国民”，但在某些情况下二者并不一致。因此，法国空间法的范围与瑞典、中国、奥地利、印度尼西亚、丹麦、澳大利亚和新西兰的空间法范围并不完全一致。然而，仅关于发射空间物体，法国空间法进一步扩大了其范围，包括了任何法国国民，即使是那些不能被指定为“运营者”的人[9]。

比利时和荷兰对《外层空间条约》第六条有不同的解释。两国都只将其国家空间法规的范围扩大到在其领土或在其管辖下的船舶、设施或平台上进行的活动[10]。将《外层空间条约》第六条中的“有关国家”一词仅解释为，其仅对能进行有效和实际监督的活动负责。他们辩称，对在其领土以外或不是在其管辖下的船舶、设施或平台上本国国民进行的活动没有有效的管辖权，因此，将其法规范围限制在领土和准领土范围内。然而，比利时和荷兰承认其观点在国际空间法下存在争议，该观点通常不被认为是对《外层空间条约》第六条的正确解释[11]。所以，比利时已通过国际协定将法规范围扩大到比利时国民[12]。同样，荷兰议会命令将法规范围扩大到荷兰国民，但仅限于在尚未签

---

⑦ 《法国空间活动法》，第 2 节 3.

⑧ 《法国空间活动法》，第 1 节 2.

⑨ 《法国空间活动法》，第 2 节 3.

⑩ 《比利时空间活动法》，第 2（1）节 ｜《荷兰空间活动法》，第 2（1）节.

⑪ 《比利时空间活动草案》，15 ｜《荷兰空间活动法解释性备忘录》，3、8、17.

⑫ 《瑞典空间活动法》，第 2（2）节.

署联合国空间条约的国家进行的活动[13]。

最后讨论的是英国采取的方法，它与比利时和荷兰的方法相反。英国监管英国国民进行的空间活动，无论这些活动在哪里进行[14]，因此，纯粹根据属人管辖权监管空间活动。这意味着非英国国民进行的活动，即使是在英国境内，也不受英国国家空间法规的监管。因此，英国将“有关国家”解释为国籍国，不包含其他国家。

综上所述，瑞典、中国、奥地利、印度尼西亚、丹麦、澳大利亚、新西兰和法国的方法不仅是最常见的方法，也最贴近《外层空间条约》第六条规定的义务。将国家空间法规的范围扩大到领土（准领土）和属人管辖权，将尽可能确保空间活动得到有关国家的授权和持续监督。也就是说，通过同时采用领土（准领土）管辖权和属人管辖权，私人实体的空间活动将始终需要至少一个国家的授权和监督。

相反，比利时和荷兰的方法以及英国的方法都可能导致空间活动的授权和监督存在空白，特别是在国家同时采用两种方法的情况下。例如，比利时国民在比利时领土或比利时管辖范围以外开展空间活动，将不受比利时空间法监管，除非有国际协议规定比利时空间法适用于该比利时国民。此外，如果比利时国民在英国境内进行空间活动，也不会被包括在英国国家空间法规的范围内，因为《英国外层空间法》仅适用于英国国民。在这种情况下，这些方法留下了法规空白，该活动不需要受到任何国家的授权或持续监督。这些方法显然存在问题，不符合《外层空间条约》第六条所规定的义务。

---

⑬ 《荷兰空间活动法》，第 2（2）节.

⑭ 《英国外层空间法》，第 1 和 2 节.

5.1.2 事务范围

同样，属事权也有通用的范围。尽管几乎所有国家的法规都有一些不同，但瑞典、英国、比利时、荷兰、法国、奥地利和丹麦的事务范围总体是相似的。本质上，尽管在各国法规中使用了不同的术语，但这些国家的空间法都会监管空间物体的发射、运行、控制和返回。比利时和荷兰的空间法规就规定了这种典型事务范围，都监管“空间物体的发射、飞行操作与导航活动”⑮。由于飞行操作与导航活动包括轨道和轨迹的定位、控制和调整⑯，比利时和荷兰的法规范围就很自然地包括了空间物体的控制和返回。

尽管《法国空间活动法》根据所进行的活动调整了其属人范围，但事务范围基本与上文相同，该法规适用于在外层空间发射并控制空间物体和控制空间物体返回地球⑰。《丹麦外层空间法》同样将属事规定为将空间物体向外层空间的发射、操作、控制和返回地球⑱。然而，与比利时、荷兰和法国的空间法不同，丹麦空间法多出了“以及与此相关的其他必要活动”这一句描述⑲。即使在阅读了丹麦空间法的解释性备忘录之后，仍不清楚法规中“必要活动”的含义。从逻辑上讲，将该句纳入该法规进一步扩大了范围，而不仅仅是空间物体发射、操作、控制或返回。

《奥地利外层空间法》也适用于空间物体的发射、运行或控制，

---

⑮ 《比利时空间活动法》，第 2（1）节 | 《荷兰空间活动法》，第 1b 节.

⑯ 《比利时空间活动法》，第 3 节 5 | 《荷兰空间活动法解释性备忘录》，9.

⑰ 《法国空间活动法》，第 1 节.

⑱ 《丹麦外层空间法》，第 4 节 1.

⑲ 《丹麦外层空间法》，第 4 节 1.

但也将其范围扩大到了发射设施的操作[20]。因此，《奥地利外层空间法》包含了额外的方面，监管发射设施的活动。瑞典和英国的空间法适用范围甚至更广。瑞典和英国并未将范围限制在空间物体的发射、运行或返回，而是使其国家空间法规适用于外层空间的任何活动[21]。显然，该范围包括了上文明确说过的空间物体的发射、运行、控制或返回[22]。此外，该范围足够广泛，包括了许多其他活动，使瑞典和英国的国家空间法规无须更改即可适用于“传统”事务范围之外的新兴活动。例如，因为非制导（小型）卫星不符合比利时和荷兰使用的空间活动的定义，比利时和荷兰不得不修改国家空间法规，使法规涵盖非制导卫星。而对于瑞典和英国的国家空间法规，此类修订就没有必要了，因为外层空间的所有活动都已包括在法规中。

澳大利亚和新西兰采取了不同的方法，他们为不同的活动分别授予执照、许可和授权。澳大利亚选择对空间物体的发射和返回，以及发射设施的运行进行监管[23]，但控制或操作空间物体不需要许可、批准和授权。新西兰要求发射运载火箭、运送有效载荷和操作发射设施需要执照、许可或授权[24]。新西兰空间法也没有明确提及空间物体的运行或控制。但是，根据澳大利亚空间法，空间物体的发射已包含空间物体，而根据新西兰空间法，有效载荷需要单独的发射许可证。因此，虽然相关法规没有明确提及对空间物体的运行或控制，但只有先

---

⑳ 《奥地利外层空间法》，第 2 节 1.

㉑ 《瑞典空间活动法》，第 1（1）节 I 《英国外层空间法》，第 1 节.

㉒ 《瑞典空间活动法》，第 1（1）节和第 1（2）节 I 《英国外层空间法》，第 1 节.

㉓ 见第 3.3.2 节.

㉔ 见第 3.11.2 节.

审核运行和控制空间物体的自然人或法人，才会许可或授权空间物体发射。新西兰空间法的罕见之处在于，它将范围延伸到了在空气空间和外层空间之间进行的深空活动㉕。

中国采取了另一种更具体的方法。顾名思义，《中国发射许可暂行办法》的事务范围仅限于从中国境内的航天器发射，以及中国境外的中国国民已拥有产权的或通过在轨交付方式拥有产权的航天器发射㉖。因此，中国划定的事务范围小且具体。与澳大利亚和新西兰的法规一样，中国法规在逻辑上认为，在给予发射许可证前，中国政府会审查发射的航天器或空间物体，但是，运行或控制空间物体不需要特定的许可证。

最后，与之前讨论的方法相比，《印度尼西亚空间法》划定了广泛的事务范围，确定了哪些活动可以使用该法规。该法规适用于在地球上、从地球上、在空气空间以及外层空间进行的空间探索和利用㉗。《印度尼西亚空间法》使用的定义显然过于广泛，它不仅包括空间物体的发射、运行、控制或返回，甚至包括观测宇宙和遥感等活动㉘。

国家空间法规的重点之一是在严谨和宽泛之间保持平衡。既要为空间活动制定必要且清晰的法规，也要为国家空间法适应空间活动和技术的发展拟定开放的规定。法规中的事务范围是达到平衡的重要因素，狭窄的范围可能没有包括新型空间活动，宽泛的范围则可能包括了边缘问题。把空间活动法规复杂化，其实是没必要的。从平衡的角

㉕ 《新西兰空间活动法》，第 45 节.
㉖ 《中国发射许可暂行办法》，第 2 节.
㉗ 《印度尼西亚空间法》，第 1 节.
㉘ 《印度尼西亚空间法》，第 7（1）节.

度看，瑞典、英国、比利时、荷兰、法国、奥地利和丹麦的方法更好，这也是这么多国家选择这个方法的原因。这些国家采取的方法能给未来的发展留出空间，同时没有让事务范围过于宽泛。相比之下，澳大利亚、新西兰与中国的方法范围过于狭窄，在某些空间活动法规上留下了空白。在授予发射许可证时，发射到外层空间的空间物体已经在事务范围之内，运行和控制空间物体并不需要单独的许可证。这给这类活动留下了监管空白，或许会阻碍各国履行持续监管空间活动的义务。与之相反，印度尼西亚的法规过于宽泛，使空间活动的法规变得冗余且缺乏重点。

5.1.3　外层空间划界方法

有关国家空间法规范围的最后一个因素是对外层空间进行定义和划分的几条法规。澳大利亚和丹麦的法规最与众不同，都将外层空间定义为距海平面 100 千米以外的空间㉙。其他国家的划界不太严格，但依然界定了外层空间范围。首先，《印度尼西亚空间法》将外层空间定义为超出空气空间的空间，包括其中的物质㉚。空气空间的定义则为“环绕并覆盖地球表面的包含气态空气的空间”㉛。其次，新西兰对空气空间、深空和外层空间进行了区分。虽然新西兰空间法界定了空气空间和深空，但并未界定深空活动和外层空间活动㉜。而深空活动和空间活动之间的区别是通过功能方法确定的。

㉙ 《澳大利亚空间活动法》，第 8 节“发射” | 《丹麦外层空间法》，第 4 节 4.

㉚ 《印度尼西亚空间法》，第 1 节 1.

㉛ 《印度尼西亚空间法》，第 1 节 3.

㉜ 《新西兰空间活动法》，第 4 节“高空”.

外层空间的定义和划界，主要影响部分在外层空间进行的活动，例如亚轨道活动。如澳大利亚和丹麦，任何跨越边界的活动都在法规范围内。因此，使用空间主义方法，会给管辖范围内的空间活动运营者确定感。相比之下，在功能性方法下，不能清晰确定亚轨道活动是否在法规的范围之内。例如，如果亚轨道飞行没有完成绕地球飞行，只在外层空间活动了一个小时，这是否能被视为空间活动？

国际空间法的缔约国及其对国际空间法的解释，决定了国家空间法规应对外层空间进行划界。然而，值得注意的是，外层空间的划界和定义问题已经在联合国和平利用外层空间委员会（UNCOPUOS）中讨论了 50 多年[33]。对此尚未达成共识。因此，严格划界并没有必要，还可能会妨碍法规适用于是或应是空间活动的活动，或者正如瑞典的观点所言，“因为国际上没有关于划界的协议，所以这是一个争论未决的问题”[34]。

5.2 立法主要内容

5.2.1 许可

根据《外层空间条约》第六条，各国有义务授权并持续监督其国民进行的空间活动。尽管各国可以自由选择如何履行授权和持续监督私人实体开展的空间活动的义务，但在研究中所有的国家都选择了某种形式的许可证制度（表 5－2）。然而，并非每个国家都明确将其命

[33] 联合国和平利用外层空间委员会科学和技术小组委员会，《科学和技术小组委员会第五届会议工作报告》（1967）联合国文件 A/AC. 105/39，2.

[34] 《瑞典空间活动法草案》，10.

名为许可证制度。无论授权被称为执照、许可证、证书或者授权，它本质上是允许私人实体进行一种或多种空间活动的许可证。此外，所有国家都有相同的主要规则，该规则是其许可证制度的核心，即只有获得了许可证，才能开展空间活动或在其国家空间法规范围内的活动。本研究的所有国家都使用了这个规则。最后，简要说明各国制定许可证制度的大体方法。一般而言，各国会保证许可证规定足够宽泛，也就是为具体许可中的条件设置和要求留出了空间。通过保持规定的广泛性，各国留有必要的空间来评估每个申请中的活动、申请人和其他因素。这使各国能够以最有效和最彻底的方式授权和监督空间活动。

表 5－2　许可授权

国家	单或多许可证制度	许可证的要求、条件和限制	许可证转让	许可证的更改、撤销和暂停
瑞典	单许可证制度	可以根据具体情况规定条件，尚未定义或阐明实际条件	未规定	若被许可人违反规定或对瑞典造成不必要的威胁，将吊销许可证
英国	单许可证制度	活动不得危害公众健康和人身财产安全，应履行国际义务，不得损害国家安全。强制执行的附加条件有：提供访问权和相关信息、禁止造成污染、禁止改变地球环境、避免干扰他人活动、履行英国的国际义务、维护国家安全、购买保险、处理活动结束后的有效载荷、特定事件发生后终止许可	转让需要事先批准	如果被许可人不遵守基本要求，即活动损害了公共健康、国家安全和国家利益，违背了国家的国际义务，不遵守许可、法律或法规中的条件，则更改、撤销或暂停许可证。此外，如果发生事故，将更改、撤销和暂停许可证

续表

国家	单或多许可证制度	许可证的要求、条件和限制	许可证转让	许可证的更改、撤销和暂停
澳大利亚	多许可证制度	活动不得损害国家安全与国家利益，履行国家国际义务，执行国家外交政策，不得威胁公众健康或货物和人员安全。此外，条件要求被许可人提供信息、证明开展活动能力、购买保险、减少空间碎片、遵守国际电联规定和保护环境。许可证在指定的期限内保持有效	转让需要事先批准	如果被许可人不遵守基本要求，即活动损害了公共健康、国家安全和国家利益，违背了国家的国际义务，不遵守许可、法律或法规中的条件，则更改、撤销或暂停许可证。此外，如果发生事故，将更改、撤销和暂停许可证
中国	单许可证制度	活动不得损害国家安全与国家利益，履行国家国际义务，执行国家外交政策，不得威胁公众健康或货物和人员安全。此外，条件要求被许可人提供信息、证明开展活动能力、购买保险、减少空间碎片、遵守国际电联规定和保护环境。许可证在特定期限内授予	禁止转让	如果被许可人不遵守基本要求，即活动损害了公共健康、国家安全和国家利益，违背了国家的国际义务，不遵守许可、法律或法规中的条件，则更改、撤销或暂停许可证。此外，若违反保密协定，将吊销许可证。吊销许可证后 2 年内，项目实体不得再次就同一项目提出许可证申请
比利时	单许可证制度	活动不得损害国家安全与国家利益，履行国家国际义务，执行国家外交政策，不得威胁公众健康或货物和人员安全。此外，条件要求被许可人提供信息、证明开展活动能力、购买保险、减少空间碎片、遵守国际电联规定和保护环境。许可证在特定期限内授予，可以要求被许可人受第三方技术专家的协助	转让需要事先批准	如果被许可人不遵守基本要求，即活动损害了公共健康、国家安全和国家利益，违背了国家的国际义务，不遵守许可、法律或法规中的条件，则更改、撤销或暂停许可证。此外，当行政人员和专家被拒绝访问设施时，将更改、撤销和暂停许可证

续表

国家	单或多许可证制度	许可证的要求、条件和限制	许可证转让	许可证的更改、撤销和暂停
荷兰	单许可证制度	活动不得损害国家安全与国家利益，履行国家国际义务，执行国家外交政策，不得威胁公众健康或货物和人员安全。此外，条件要求被许可人提供信息、证明开展活动能力、购买保险、减少空间碎片、遵守国际电联规定和保护环境。许可证在特定期限内授予，许可证出于一般目的授予实体而非特定空间物体	禁止转让	强制性撤销许可证的理由：被许可人要求撤销，为履行国际义务而撤销，继续开展活动将危及人员和货物安全、外层空间环境、公共秩序或国家安全。酌情撤销或更改许可证的理由：违反法律或法规，活动未按时开始，目的发生重大变化，技术或财务能力发生变化，提供的信息或文件已不正确、不完整，需要保护该法规第 3 节第 3 款中的利益
法国	单许可证制度	活动不得损害国家安全与国家利益，履行国家国际义务，执行国家外交政策，不得威胁公众健康或货物和人员安全。此外，可以对运营者的能力、财务安全提出条件，并要求提供信息。该许可证有时间期限。《法国技术法规法令》详细规定了许可的技术要求和条件	转让需要事先批准	如果被许可人不遵守基本要求，即活动损害了公共健康、国家安全和国家利益，违背了国家的国际义务，不遵守许可、法律或法规中的条件，则更改、撤销或暂停许可证
奥地利	单许可证制度	活动不得损害国家安全与国家利益，履行国家国际义务，执行国家外交政策，不得威胁公众健康或货物和人员安全。此外，条件要求被许可人提供信息、证明开展活动能力、购买保险、减少空间碎片、遵守国际电联规定和保护环境。最后，被许可人应采取措施终止活动	转让需要事先批准	如果被许可人不遵守基本要求，即活动损害了公共健康、国家安全和国家利益，违背了国家的国际义务，不遵守许可、法律或法规中的条件，则更改、撤销或暂停许可证。此外，如果发生事故，将更改、撤销和暂停许可证

续表

国家	单或多许可证制度	许可证的要求、条件和限制	许可证转让	许可证的更改、撤销和暂停
印度尼西亚	多许可证制度	活动不得损害国家安全与国家利益,履行国家国际义务,执行国家外交政策,不得威胁公众健康或货物和人员安全。此外,条件要求被许可人提供信息、证明开展活动能力、购买保险、减少空间碎片、遵守国际电联规定和保护环境。将对活动采取进一步的监管	未规定,但太空资产的所有权可以转让	没有关于许可证的更改、撤销或暂停的规定,发生灾害时将暂停许可证
丹麦	单许可证制度	活动不得损害国家安全与国家利益,履行国家国际义务,执行国家外交政策,不得威胁公众健康或货物和人员安全。此外,条件要求被许可人提供信息、证明开展活动能力、购买保险、减少空间碎片、遵守国际电联规定和保护环境。最后,被许可人需要遵守出口管制条款	转让需要事先批准	如果被许可人不遵守基本要求,即活动损害了公共健康、国家安全和国家利益,违背了国家的国际义务,不遵守许可、法律或法规中的条件,则更改、撤销或暂停许可证。此外,如果发生事故,将更改、撤销和暂停许可证
新西兰	多许可证制度	活动不得损害国家安全与国家利益,履行国家国际义务,执行国家外交政策,不得威胁公众健康或货物和人员安全。此外,条件要求被许可人提供信息、证明开展活动能力、购买保险、减少空间碎片、遵守国际电联规定和保护环境。许可证在指定的期限内保持有效	转让需要事先批准	如果被许可人不遵守基本要求,即活动损害了公共健康、国家安全和国家利益,违背了国家的国际义务,不遵守许可、法律或法规中的条件,则更改、撤销或暂停许可证。此外,经被许可人同意或根据被许可人的要求,可以更改、撤销和暂停许可证

5.2.1.1 单许可证制度或多许可证制度

通过关注各国法规之间的差异，可以看出主要有两种授权方法。

瑞典、英国、中国、比利时、荷兰、法国、奥地利和丹麦采取了同一种方法，使用一种许可证监管所有属于法规范围内的活动。澳大利亚、印度尼西亚和新西兰采取了第二种方法，为不同活动授予单独的许可证。例如，在印度尼西亚，发射活动需要一种许可证，而商业空间活动需要另一种许可证[35]。然而，尽管授权有两种主要方法，但是通常各国法规中授权的大致内容是相同的，包括许可证的要求、条件和限制，许可证的转让，以及许可证的更改、撤销和暂停。因此，虽然单许可证制度和多许可证制度存在差别，但二者对空间活动授权没有影响，除了在多许可证制度下，私人实体必须申请多个许可证才能开展活动。相反，由于与许可证有关的规定可能相当复杂和详细，本部分将分别讨论上述内容，即许可证的要求、条件和限制，许可证的转让，以及许可证的更改、撤销和暂停。

5.2.1.2　许可证的要求、条件和限制

各国对于许可证的要求、条件和限制的规定，有的描述和界定清楚，有的则模糊和简略。本节将不完全描述并深入探讨每个国家规定的具体条件。在对每个国家的空间法规进行单独分析时，已经对许可证制度进行了严谨的研究。相反，这种比较分析将研究所采取的总体方法，不涉及具体的程序和技术细节。

规定最少的许可证制度是瑞典的许可证制度。除了规定许可会受到限制或条件，可根据具体情况设定外[36]，《瑞典空间活动法》并未具体规定对希望开展空间活动的私人实体的要求、条件或限制。空间活

---

[35] 《印度尼西亚空间法》，第 35 节和第 37 节.

[36] 《瑞典空间活动法》，第 3（2）节.

动的类型和持续时间涉及对许可证的要求、条件或限制[37]。

相比之下，《英国外层空间法》的限制更多。首先，该法规规定了基本的要求，即活动不能危害公共健康或人身财产安全，履行英国的国际义务，不损害英国的国家安全[38]。此外，该法规规定了许可证的持续时间，并明确了许可条件。也就是说，以下这些都可能是许可的条件：提供活动的访问权和相关信息、禁止外层空间污染、禁止对地球环境造成不利影响、避免干扰他人活动、履行英国的国际义务、维护国家安全、购买保险、处理活动结束后的有效载荷、在特定事件发生后终止许可[39]。所以，《英国外层空间法》对基本要求和条件的阐述更加详细。中国、比利时、荷兰、奥地利和丹麦采用了相同的方法。与英国类似，这些国家规定获得许可证的一般要求是，该活动不损害国家安全与国家利益，履行国际义务，执行国家外交政策，不威胁公众健康或人员和货物安全[40]。许可证制度规定的条件因国家而异，但通常涉及提供信息、证明开展活动能力、购买保险、减少空间碎片、遵守国际电联（ITU）规定和考虑环境问题等义务[41]。除了这些要求和

㊲ 《瑞典空间活动法草案》，15.

㊳ 《英国外层空间法》，第4（2）节.

㊴ 《英国外层空间法》，第5（2）节.

㊵ 《中国发射许可暂行办法》，第10节 | 《比利时空间活动法》，第5（1）节 | 《荷兰空间活动法》，第3（3）节 | 《奥地利外层空间法》，第4（1）节 | 《丹麦外层空间法》，第6（1）节.

㊶ 《中国发射许可暂行办法》，第5节、第6节和第20节 | 《比利时空间活动法》，第5（1）节和第7（1）节 | 《荷兰空间活动法》，第3（3）节；《荷兰空间活动许可申请和登记令》，第2（2）节 | 《奥地利外层空间法》，第4（1）条 | 《丹麦外层空间法》，第6（1）节和《丹麦行政法令》第2节.

条件外，中国、比利时和荷兰明确规定了许可证期限[42]。虽然奥地利和丹麦的法规没有包含这样的明确规定，但许可证具体规定了其持续时间。

最后，尽管本节不会涉及技术细节，但会强调一些独特的条件和细节。首先，根据《比利时空间活动法》，许可规定被许可人需接受第三方技术专家协助[43]。其次，根据《荷兰空间活动法》，许可证授予开展一般空间活动的公司或机构，不授予个人的空间物体[44]。此外，《奥地利外层空间法》明确要求被许可人应采取合理措施终止活动[45]。最后，《丹麦外层空间法》明确规定，被许可人需遵守出口管制条例[46]。

如前所述，尽管澳大利亚、印度尼西亚和新西兰采用多许可证制度，但其方法与其他国家本质上相同。《澳大利亚空间活动法》会授予发射设施运行许可证、发射许可证、海外发射证和海外发射空间物体返回授权[47]。同样，《印度尼西亚空间法》为发射活动和商业空间活动授予不同许可证[48]，而《新西兰空间活动法》为发射、海外发射、有效载荷发射、海外有效载荷发射、发射设施和深空活动授予单独的许可证[49]。尽管这些国家为各种活动颁发单独许可证，但许可的要求

㊷ 《中国发射许可暂行办法》，第 5 节 | 《比利时空间活动法》，第 5（2）节 | 《荷兰空间活动法》，第 3（6）节.

㊸ 《瑞典空间活动法》，第 5（2）节.

㊹ 《荷兰空间活动法解释性备忘录》，10.

㊺ 《奥地利外层空间法》，第 4（1）节.

㊻ 《丹麦外层空间法》，第 6（2）节.

㊼ 《澳大利亚空间活动法》，第 11、12、13、14 和 15 节.

㊽ 《印度尼西亚空间法》，第 36 节和第 37 节.

㊾ 《新西兰空间活动法》，第 7 节、第 15 节、第 23 节、第 31 节、第 38 节和第 45 节.

和条件通常是相同的，即活动不会对公共健康或公共安全造成损害，不会威胁国家安全，遵守外交政策，履行国际义务[50]。此外，相似的许可条件还有提供活动信息、证明活动能力、环境保护、购买保险、财务能力和许可程序[51]。此外，《澳大利亚空间活动法》和《新西兰空间活动法》授予的许可证在规定期限内持续有效[52]。应当注意，《印度尼西亚空间法》提到，有关发射活动和商业空间活动的法规有待进一步制定[53]。

《法国空间活动法》则是另一个极端，它的许可证制度描述最详细，定义最清晰。该制度的本质与上述各国的制度相同。制度规定，空间活动需要确保人员和货物安全，不损害法国的公共健康和环境，保护国家安全，履行国际义务[54]。此外，法规还对运营者的能力、运营者的财务安全、提供活动信息等做出要求[55]。最后，许可证制度、许可证期限类似于其他国家[56]。但是，除了这些要求、条件和限制之外，法国还制定了极其详细的技术法规[57]。法国还通过其许可证制度

---

[50] 《澳大利亚空间活动法》，第 18 节、第 26（3）节、第 35（2）节和第 43（3）节 ｜《印度尼西亚空间法》，第 35（1）节 ｜《新西兰空间活动法》，第 9 节、第 17 节、第 25 节、第 33 节、第 40 节和第 48 节.

[51] 《澳大利亚空间活动法》，第 18 节、第 26（3）节、第 35（2）节和第 43（3）节 ｜《印度尼西亚空间法》，第 35 节 ｜《新西兰空间活动法》，第 10 节、第 18 节、第 26 节、第 34 节、第 41 节和第 49 节.

[52] 《澳大利亚空间活动法》，第 19 节、第 28（1）节和第 36（1）节 ｜《新西兰空间活动法》，第 11 节、第 19 节、第 27 节、第 35 节和第 42 节.

[53] 《印度尼西亚空间法》，第 36 节和第 37 节.

[54] 《法国空间活动法》，第 5 节.

[55] 《法国空间活动法》，第 4 节 ｜《法国授权法令》，第 1 节.

[56] 《法国授权法令》，第 5 节.

[57] 《法国技术法规法令》.

专门规范了空间数据的利用[58]。

总之，大多数国家都采用了相同的方法。该方法就公共健康、国家安全、国家利益和国家的国际义务提出了基本要求，私人实体的活动不得违反以上要求。此外，制度还规定了进一步的约束条件。这些条件涉及一系列问题，但通常要求被许可人有能力开展活动、维护财务安全、遵守环境法规和提供信息。最后，大多数许可证制度都限制了许可证的有效期。

然而，应该注意的是，对许可证制度的描述和定义越多（例如，法国的许可证制度），私人实体就越能了解申请许可的流程以及申请之前的准备。因此，更详细的制度为法规标的增加了确定性。然而，不足之处是，由于空间活动种类繁多，逐一详细规定是不切实际的。这些空间法规应非常宽泛，以预见现在或未来可能进行的所有空间活动。如前文所述，宽泛的规定留下了必要的空间以评估每个申请中的活动、申请人和其他因素。鉴于上述情况，两种方法各有优劣。宽泛的方法给国家留下空间以评估特定活动。全面的方法赋予私人实体更多确定性，但存在监管过度，私人实体压力过大的风险。各国可以自行决定采用何种制度。

5.2.1.3 许可证转让

关于许可证在授予后的转让，各国承认，如果要继续履行监督国民活动的义务，需要监管或禁止许可证转让[59]。如果执照转让给了授权国以外的运营者，则有必要对此进行监管或禁止授予，因为不可能

---

[58] 《法国空间活动法》，第1节，7.

[59] 《奥地利解释性备忘录》，Zu § 8.

对国外的运营者进行有效监督。因此，英国、澳大利亚（但不涉及授权海外发射的空间物体返回）、比利时、法国、奥地利、丹麦和新西兰决定有必要通过授权或批准转让，以监管许可证的转让[60]。若接管活动的实体遵守原实体接受的要求、条件或限制，则可获得许可证转让授权。尽管《印度尼西亚空间法》没有明确规定许可证的转让，但该法规认为空间资产的所有权可以转让[61]。

相比之下，中国和荷兰禁止转让许可证[62]。尽管尚不清楚中国禁止转让许可证的理由，但荷兰表示这是为了防止遵守《荷兰空间活动法》要求和条件的实体专门将许可证出售给不合规的实体，形成转让市场[63]。但是，如果像其他国家那样监管许可证转让，这种现象是可以避免的。荷兰如果怀疑原始被许可人是专门销售许可证的实体，可以通过不授权转让来阻止转让市场出现。

除了规范许可证转让或禁止转让的国家外，瑞典没有对许可证转让作出任何规定。由于许可证制度使用的主要规则是未经必要授权不得进行活动，缺乏关于许可证转让的明确规定则意味着瑞典空间法禁止转让许可证。

5.2.1.4 许可证的更改、撤销和暂停

除了规定许可证的要求、条件和限制外，所有国家都规定了许可

---

⑥⓪ 《英国外层空间法》，第 6（1）节 | 《澳大利亚空间活动法》，第 22 节、第 31 节和第 38 节 | 《比利时空间活动法》，第 13 节 | 《法国空间活动法》，第 3 节和《法国授权法令》，第 14 节 | 《奥地利外层空间法》，第 8 节 | 《丹麦外层空间法》，第 15（1）节 | 《新西兰空间活动法》，第 53 节.

⑥① 《印度尼西亚空间法》，第 78（1）节.

⑥② 《中国发射许可暂行办法》，第 12 节 | 《荷兰空间活动法》，第 8 节.

⑥③ 《荷兰空间活动法解释性备忘录》，20.

证更改、撤销和暂停的条件。一般来说，各国规定了相同的条件以确定何时更改、撤销和暂停许可证。简单来说，如果被许可人不遵守基本要求，即活动损害了公共健康、国家安全和国家利益，违背了国家的国际义务，不遵守许可、法律或法规中的条件，则将更改、撤销或暂停许可证。英国、澳大利亚、中国、比利时、法国、奥地利、丹麦和新西兰就采用了这种方法[64]。此外，大多数国家认为，即使暂停或撤销了许可证，国家仍对空间物体造成的破坏承担国际责任。因此，许多国家的法规都包含了一项规定：即使许可证已被暂停或撤销，实体仍需继续履行许可证规定的义务，以确保空间活动的安全[65]。相比之下，澳大利亚空间法规定，许可证在被暂停时失去所有效力[66]。但是，这不太可能意味着被许可人不再履行《澳大利亚空间活动法》和许可规定的义务。相反，该法规意为阻止被许可人进行进一步的活动，因为该法规的许可内容可以扩展到多个特定的发射活动。

某些国家有一些更改、撤销或暂停许可证的特殊条件。首先，澳大利亚和新西兰法规明确规定，若被许可人同意或请求，可进行许可

---

[64] 《英国外层空间法》，第 6（2）节 ｜《澳大利亚空间活动法》，第 24 节、第 25 节、第 33（1）节、第 34（1）节、第 40 节、第 41 节、第 45B 节和第 45C 节 ｜《中国发射许可暂行办法》，第 16 条｜《比利时空间活动法》，第 11（1）节 ｜《法国空间活动法》，第 9 节和《法国授权法令》，第 7 节和第 15 节 ｜《奥地利外层空间法》，第 7 节 ｜《丹麦外层空间法》，第 9 节 ｜《新西兰空间活动法》，第 14（1）节 c、d，第 21（1）节 c、d，第 30（1）节 c、d，第 37（1）节 c、d，第 44（1）节 c、d 和第 50（1）节 c、d.

[65] 《英国外层空间法》，第 6（3）节 ｜《比利时空间活动法》，第 11（4）节和第 11（5）节 ｜《法国空间活动法》，第 9 节 ｜《奥地利外层空间法》，第 7（3）节 ｜《新西兰空间活动法》，第 13 节、第 20 节、第 29 节、第 36 节.

[66] 《澳大利亚空间活动法》，第 25（2）节、第 34（2）节、第 34（3）节、第 41（2）节和第 45C（2）节.

证的更改、撤销和暂停[67]。其次，英国、澳大利亚、奥地利和丹麦法规规定，事故发生之后，将进行许可证更改、撤销和暂停[68]。此外，在中国法规中，违反保密协定将吊销许可证，并明确规定吊销许可证后 2 年内禁止该实体就同一活动获得新许可证[69]。最后，《比利时空间活动法》将拒绝允许行政人员和专家访问设施作为更改、撤销或暂停许可证的另一个具体条件[70]。

尽管荷兰使用与上述国家相同的条件，但荷兰也对强制撤销许可的条件和酌情撤销和更改许可的条件做出了独特的区分。强制撤销许可的理由：被许可人请求撤销，因需要遵守国际机构条约或决议而撤销，许可继续生效会危及人员和货物的安全、外层空间的环境、公共秩序或国家安全[71]。酌情撤销或更改许可的理由：违反许可相关的法律法规，未在期限内开展活动，许可目的发生重大变化，技术或财务能力发生重大变化，提供的信息或文件已不正确或不完整，或有必要保护该法规第 3 节第 3 款中的利益[72]。与其他国家的法规类似，吊销许可证后，被许可人继续履行相关义务不变，以确保荷兰遵守国际法规[73]。

---

⑰ 《澳大利亚空间活动法》，第 24 节、第 33（1）节、第 40 节和第 45B 节 ｜《新西兰空间活动法》，第 14（1）节 a、b，第 21（1）节 a、b，第 30（1）节 a、b，第 37（1）节 a、b，第 44（1）节 a、b，第 50（1）节 a、b.

⑱ 《英国外层空间法》，第 5（2）节 ｜《澳大利亚空间活动法》，第 34（1）节 ｜《奥地利外层空间法》，第 6（1）节 ｜《丹麦外层空间法》，第 8 节和第 9（1）节.

⑲ 《中国发射许可暂行办法》，第 16、17 节.

⑳ 《瑞典空间活动法》，第 11（1）节.

㉑ 《荷兰空间活动法》，第 7（1）节.

㉒ 《荷兰空间活动法》，第 7（2）节.

㉓ 《荷兰空间活动法》，第 7（3）节.

瑞典空间法中，更改、撤销或暂停许可证的相关规定与要求、条件和限制的规定类似，描述不是非常清晰。《瑞典空间活动法》仅规定，若被许可人违反规定或对瑞典造成不必要的威胁，将吊销许可证[74]。

最后，印度尼西亚还没有关于许可证的更改、撤销或暂停的规定。印度尼西亚空间法关于许可证制度的规定将在未来制定[75]，目前，相关规定尚未实施。但法规规定，发生灾害时，将暂停许可证[76]。

综上所述，除印度尼西亚外，所有国家更改、撤销和暂停许可证的原因通常是相同的。尽管有些国家的原因更为独特，例如，荷兰法规区分了强制撤销和酌情撤销，瑞典法规没有说明撤销许可证的条件，但是更改、撤销和暂停许可证的核心条款是极其相似的。

5.2.2　保险

根据《责任公约》第二条，空间物体发射国对在地球表面的空间物体或飞行中的航天器造成损害时，应对造成的损害负绝对的国际法律责任。此外，根据《责任公约》第三条，该国对此类空间物体在地球表面以外的地方造成的损害如有过失，应承担国际法律责任。即使该国不是《责任公约》的缔约国，根据《外层空间条约》或国际法，该国仍将承担责任。因此，保险是国家空间法规的重要组成部分。保险确保了私人实体将有足够的资金支付承担上述责任所需的赔偿金。需要注意的是，当国家要求被许可人或运营者购买保险时，通常指的

---

[74] 《瑞典空间活动法》，第 4 节 | 《瑞典空间活动法草案》，11.

[75] 《印度尼西亚空间法》，第 36 节和第 37 节.

[76] 《印度尼西亚空间法》，第 69 节.

是第三方责任保险，即为支付第三方损害赔偿而产生的责任保险。

目前，只有一个国家的法规没有规定购买保险义务的基本条款。这个国家就是瑞典，《瑞典空间活动法》是本研究选定的国家空间法规中唯一不包含保险条款的。尽管该法规确实规定了许可证的授予条件[77]，其中可能包含购买保险的条件，但该法规并未规定购买保险的具体义务。此外，实践表明，该国的私营实体没有为其活动投保[78]。

其他所有国家法规用两种不同的方式，制定了至少一项关于保险的基本规定。澳大利亚、中国、荷兰、法国、奥地利和印度尼西亚使用同一种方法，他们规定购买保险是获得开展空间活动许可证的条件。这些国家的规定全面描述了保险义务的内容。英国、比利时、丹麦和新西兰使用了另一种方法，同样将保险义务作为获得许可证的条件，虽没有全面描述保险的类型、金额及其他要求，但是这些要求已体现在许可本身上。因此，不同之处在于，对于某些国家，保险义务的要求已经在空间法中写明，对于另一些国家，许可本身阐明了这些要求。但是，这种差异对保险义务本身几乎没有影响，只是通过在法规中规定保险义务，申请人能清晰了解应该遵守的义务，而许可本身规定的保险义务让国家规定更加灵活可变。尽管如此，即使一般方法相似，每个国家在保险方面都制定了不同的具体规范。

澳大利亚、中国、荷兰、法国、奥地利和印度尼西亚将保险义务作为获得许可证的条件，并充分描述了保险义务的要求。最直白的是《中国发射许可暂行办法》和《印度尼西亚空间法》。根据中国空间法

---

[77] 《瑞典空间活动法》，第3（2）节.

[78] Niklas Hedman，“瑞典空间活动立法”，源自 Christian Brünner 与 Edith Walter（编）《国家空间法》（伯劳出版社 2008），77.

规，被许可人有义务为空间物体的发射活动投保[79]。《印度尼西亚空间法》同样要求运营者为发射活动投保或提供财务担保，并为空间活动造成的损失投保[80]。除规定保险义务外，中国和印度尼西亚均未就保险类型或保险金额提出进一步的条件或要求。因此，它们体现了国家空间法规中最基本的保险义务。

其他国家对保险义务的规定更加复杂。首先，荷兰空间法补充规定，被许可人不仅应为空间活动中承担的责任购买保险并续保，而且应尽力扩大承保范围[81]。承保范围规定将活动的市场以及风险和航天保险领域专家的意见纳入其中，考虑了合理承保的范围[82]。因此，尽管《荷兰空间活动法》对保险有更详细的规定，但该规定仍然相当笼统和模糊。相比之下，澳大利亚和奥地利法规中的保险条款更加具体。尽管《澳大利亚空间活动法》中关于执照、许可和授权相关规定已经写明，保险或财务要求是获得许可证的要求之一[83]，但该法规第 47 条和第 48 条仍规定了实际要求。首先应注意，《澳大利亚空间活动法》对保险和财务要求进行了区分。被许可人应能证明其有能力承担相当于保险金数额的经济责任[84]。否则，被许可人需要为在澳大利亚的发射活动与返回活动购买保险，该保险需要涵盖被许可人可能承担的任何需要支付赔偿的责任，以及被许可人应为澳大利亚在《责任公约》

---

[79] 《中国发射许可暂行办法》，第 19 节.

[80] 《印度尼西亚空间法》，第 35（1）节 a、第 84（1）节.

[81] 《荷兰空间活动法》，第 3（4）节.

[82] 《荷兰空间活动法》，第 3（4）节 l 《荷兰空间活动法解释性备忘录》，11 和 18.

[83] 《澳大利亚空间活动法》，第 26（3）节 d、第 35（2）节 a（i）和第 43（3）节 b.

[84] 《澳大利亚空间活动法》，第 47（2）节 b.

或其他国际法规定下的任何损失赔偿购买保险[85]。该法规还规定了最低保险金，取7.5亿澳元与可能的最大损失金额间较低者，或通过另一种不同方法确定最小金额[86]。同样，《奥地利外层空间法》规定了每次保险索赔最低数额为6000万欧元[87]。如果是为了公共利益而开展的活动，则可以降低或免除最低限额[88]。所以，澳大利亚和奥地利的法规都规定了需要购买的最低保险金额。此外，奥地利空间法对在某些情况下义务购买保险的金额提供了减免。

最后，《法国空间活动法》规定了更加细致的保险义务。该法规规定，运营者为空间活动可能引起的赔偿责任购买保险或签署获批财务担保[89]。该法规规定了获批财务担保的具体要求[90]。因此，法国空间法提供了保险之外的更多选择。保险或财务担保应至少涵盖对第三方造成可能损害的赔偿，但在空间活动的发射阶段和控制阶段均视具体情况而定[91]。与奥地利空间法类似，法国空间法提供了对保险义务的豁免。然而，与奥地利空间法不同的是，这项豁免不适用于公共利益相关的空间活动。如果运营者由于保险市场形势而无法投保或提供财务担保，则可以暂时豁免保险义务[92]。此外，在特定时间内保持卫星环绕地球同步轨道等空间活动也可以获得保险义务豁免[93]。因此，虽

---

[85] 《澳大利亚空间活动法》，第48（1）节和第48（2）节.
[86] 《澳大利亚空间活动法》，第47（3）节.
[87] 《奥地利外层空间法》，第4（4）节.
[88] 《奥地利外层空间法》，第4（4）节.
[89] 《法国空间活动法》，第6（I）节.
[90] 《法国授权法令》，第16节.
[91] 《法国空间活动法》，第6（Ⅱ）、16和17节.
[92] 《法国授权法令》，第17节.
[93] 《法国授权法令》，第18节.

然法国空间法没有严格规定最低保险金额，但与上述国家相比，它确实对保险有更全面的规定。

再看英国、比利时、丹麦和新西兰采取的方法，这些国家确实将保险义务作为获得许可的必要条件，但保险义务规定体现在实际的许可中。《英国外层空间法》规定，许可受合理的条件约束，例如“由于授权了活动许可，在英国或其他国家，被许可人要对因第三方遭受损害或损失而承担的赔偿责任投保”[94]。英国空间法没有进一步规定保险义务，但是，规定在许可活动期间最低保险金额为 6000 万欧元[95]。同样，《比利时空间活动法》仅规定，可以将保险义务作为授权空间活动的条件[96]。没有规定最低限度，只是规定保险应涵盖活动可能产生的所有损害[97]。与之相似，《丹麦外层空间法》允许将提供保险或其他担保的义务作为批准空间活动的条件[98]。丹麦空间法对于保险责任没有作进一步的规定，根据具体情况确定保险的类型和金额。最后，《新西兰空间活动法》授权特定的执照或许可来规定保险类型和金额[99]。

总之，各国处理保险问题的方式通常有两种。他们要么尽可能地规范和描述法规中保险义务的范围，要么将保险义务的规定权交给特

---

[94] 《英国外层空间法》，第 5（2）节 f.

[95] Grahame Danby，“外层空间”（简报编号 CBP7464，2017 年 3 月 10 日）<http：//researchbriefings. parliament. uk/ResearchBriefing/Summary/CBP－7464#fullreport>2017 年 7 月 3 日访问，5.

[96] 《瑞典空间活动法》，第 5（2）节.

[97] 《瑞典空间活动法》，第 5（2）节.

[98] 《丹麦外层空间法》，第 13（1）节.

[99] 《新西兰空间活动法》，第 10（2）节、第 18（2）节 b、第 26（2）节、第 34（2）节 b、第 48（2）节.

定的许可（表5－3）。尽管这两种方法都能达到相同的目的，即被许可人或运营者进行投保，但在国家空间法规中尽可能多地规范和描述保险义务的范围还是会产生不同的效果。也就是说，通过规范和描述法规的义务，潜在的被许可人或运营者能更清楚地了解法规对保险的要求。这提供了更多确定性，并可能使私人实体能更积极地开展空间活动。相反，如果在许可中才详细说明保险义务，潜在的被许可人和运营者将对其义务一无所知。这可能导致他们不愿开展空间活动。

表5－3 保险

国家	保险义务的形式	保险金额	保险义务豁免
瑞典	没有规定具体义务，保险可以作为许可证的申请条件	不适用	不适用
英国	保险是许可证中规定的条件	6000万欧元	未规定
澳大利亚	保险是空间法中规定的条件	7.5亿澳元与可能的最大损失金额二者中较小者	未规定
中国	保险是空间法中规定的条件	未规定	未规定
比利时	保险是许可证中规定的条件	没有最低要求，保险涵盖活动可能造成的所有损害	未规定
荷兰	保险是空间法中规定的条件	最大可能的保险覆盖范围（取决于相关市场）	未规定
法国	保险是空间法中规定的条件	根据活动的发射和控制阶段视具体情况而定	若因保险市场状况而无法履行义务，则可暂时豁免该义务。此外，对在特定时间内保持卫星环绕地球同步轨道等空间活动豁免保险义务

续表

国家	保险义务的形式	保险金额	保险义务豁免
奥地利	保险是空间法中规定的条件	6000 万欧元	如果是为公共利益开展的活动,则豁免保险义务
印度尼西亚	保险是空间法中规定的条件	未规定	未规定
丹麦	保险是许可证中规定的条件	由许可证规定	未规定
新西兰	保险是许可证中规定的条件	由许可证规定	未规定

5.2.3　追索与责任

追索权，也称为赔偿义务，将其纳入国家空间法规，是“发射国”对空间物体造成的损害承担国际责任的直接结果。根据《外层空间条约》第七条、《责任公约》或一般国际法，对私人空间物体造成损害的国家承担国际责任，追索权为受损国家追讨赔偿提供了法律依据。然而，与本研究中讨论的其他方面一样，不同国家法规的规定方法不同（表 5－4）。此外，即使总体方法相同，各国处理细节的方式也不同。尽管对各国空间法规的分析中讨论了法规规定的责任，但本节仅讨论追索权。

表 5－4　追索

国家	追索权	追索金额限制	追索限制的条件	不使用追索权的例外情况
瑞典	有	没有限制	不适用	有,由于特定原因可减免赔偿

续表

国家	追索权	追索金额限制	追索限制的条件	不使用追索权的例外情况
英国	有	根据风险评估限制金额	无	有，他人雇员或代理人以及在国家指示下进行的活动不履行赔偿义务
澳大利亚	有	基于保险金数额限制金额	无	无
中国	无	不适用	不适用	不适用
比利时	有	追索平均营业额的10%	有，仅当私人实体未违反许可条件、未违背提供活动信息的义务，或没有在未经许可或以欺诈手段获得许可的情况下进行活动时，限制才适用	无
荷兰	有	基于保险金数额限制金额	无	无
法国	有	基于活动类型进行金额限制	有，损害不能因故意过错造成	有，为国家利益而开展的活动
奥地利	有	基于保险金数额限制金额	有，损害不能因过错造成	无
印度尼西亚	包含追索权，由许可证规定	由许可证规定	由许可证规定	由许可证规定
丹麦	有	6000万欧元	有，不能因故意或重大疏忽造成损害，空间活动是经批准进行的，运营者遵守批准的基本条件，没有造成人身伤害	无
新西兰	包含追索权，由许可证规定	由许可证规定	由许可证规定	由许可证规定

一般而言，国家空间法规根据《外层空间条约》第七条和《责任公约》规定赔偿责任。尽管如此，还是存在例外的空间法。例如，澳大利亚为空间物体的发射和返回规定了赔偿责任期。因此，仅在发射开始之日起 30 天内或返回开始之日至空间物体再入之日的时间段内，在《澳大利亚空间活动法》的法规范围内的实体承担赔偿责任[100]。这种责任期在国际空间法中不存在，并且澳大利亚空间法似乎未规定私人实体在空间物体运行期间的赔偿责任。但是，责任期并不影响澳大利亚承担国际责任。

5.2.3.1　法规中的具体追索权

瑞典、英国、澳大利亚、比利时、荷兰、法国、奥地利、印度尼西亚和丹麦采用了类似的追索权规定方式。这些国家在其国家空间立法中规定了具体的追索权，以追回因私人实体的空间物体造成的损害而获得的赔偿。如果根据《外层空间条约》《责任公约》或国际法，国家有责任支付赔偿，则确定使用追索权[101]。尽管这些国家空间法已经包含了规定追索权的具体条款，但细节上仍然存在差异。这些差异体现在对国家可以追回的赔偿金额的限制，以及禁止国家利用追索权追回赔偿的例外情况。

在私人实体赔偿金额限制方面，澳大利亚、荷兰和奥地利原则上

---

[100] 《澳大利亚空间活动法》，第 8 节“责任期”.

[101] 《瑞典空间活动法》，第 6 节 | 《英国外层空间法》，第 10（1）节 | 《澳大利亚空间活动法》，第 74 节 | 《比利时空间活动法》，第 15（1）节 | 《荷兰空间活动法》，第 12（1）节 | 《法国空间活动法》，第 14 节 | 《奥地利外层空间法》，第 11（1）节 | 《印度尼西亚空间法》，第 79 节 | 《丹麦外层空间法》，第 12（1）节.

将可追回的赔偿金额限制在被许可人或运营者购买的保险金额内[102]。有关这三国追索限制的具体讨论如下。首先，澳大利亚明确规定，限额为赔偿金额与投保金额中的较低者。然而，这一条款是多余的，因为逻辑上，澳大利亚不会追回比其国际责任更多的赔偿。所以，实质上，澳大利亚将追索权限制在投保金额上。其次，奥地利规定的限额仅对非经营者的过错造成的损害，或未遵守法案和许可证的义务和条件时应支付的赔偿适用[103]。因此，该限制仅适用于地球上或飞行中的航天器毁坏或受损的情况，前提是航天器毁坏不是运营者的过错。最后，荷兰可以根据投保金额直接向保险公司行使追索权[104]。

相比之下，英国、法国、比利时和丹麦将追索金额定为具体金额，与保险分开。英国和法国都根据对活动的评估设定追索金额限制[105]。需注意，这种限制在法国表现为国家担保，意味着法国政府将支付超过《法国空间活动法》规定金额的赔偿[106]。此外，只有在损害不是由运营者的故意过错造成的情况下，法国才应用该限额[107]。因此，每个空间活动的赔偿限额会有所不同，尽管英国通常应用的限额为 6000 万

---

[102] 《澳大利亚空间活动法》，第 74（2）节 | 《荷兰空间活动法》，第 12 节 | 《奥地利外层空间法》，第 11（2）节.

[103] 《奥地利外层空间法》，第 11（2）节.

[104] 《荷兰空间活动法》，第 12（4）节.

[105] 《法国空间活动法》，第 14 节、第 16 节和第 17 节 | 英国航天局，“提前通知：对 1986 年英国外层空间法被许可人引入责任上限” <https：//www. gov. uk/government/uploads/system/uploads/attachment_ data/file/447278/OSA_ reform_ guidance_ text_ 2_ . pdf>2017 年 7 月 3 日访问.

[106] 《法国空间活动法》，第 16 节和第 17 节.

[107] 《法国空间活动法》，第 14 节.

欧元，与法国对阿丽亚娜太空公司发射活动的限制相同[108]。《英国外层空间法》豁免了对以下活动的追索：作为他人雇员或代理人的人员造成损害的活动、因国家指令造成的损害或损失的活动，以及无需许可证的活动，因为许可证不是承担英国的国际义务所必需的[109]。同样，因国家利益相关的已许可空间活动造成的损害所支付的赔偿，《法国空间活动法》豁免追索[110]。

相比之下，丹麦空间法对任何活动都应用 6000 万欧元的赔偿限额，除非损害是因故意或重大疏忽造成的、空间活动未经批准进行、运营商违反许可的基本条件或涉及人身伤害[111]。与《荷兰空间活动法》类似，《丹麦外层空间法》规定，可以直接向保险公司索赔[112]。同样，比利时空间法也规定可以直接向保险公司索赔[113]。但是，赔偿限额的确定方法不同。根据《比利时空间活动法》，可追回的赔偿金额上限为许可证申请前 3 年或过去及未来共 3 财年的平均营业额的 10%[114]。但是，如果许可证持有者不遵守许可证规定的条件、不提供活动信息、在没有许可证或以欺诈手段得到许可证的情况下开展活动，将取消赔偿金额限制[115]。

---

[108] 《法国空间活动法案报告》，41 | 英国航天局，“提前通知：对 1986 年英国外层空间法被许可人引入责任上限” < https：//www. gov. uk/government/uploads/system/uploads/attachment_ data/file/447278/OSA_ reform_ guidance_ text_ 2_ . pdf>2017 年 7 月 3 日访问.

[109] 《英国外层空间法》，第 10（2）节 | 《英国放松管制法》，第 12（2）条.

[110] 《法国空间活动法》，第 14 节.

[111] 《丹麦行政法令》，第 12 节.

[112] 《丹麦外层空间法》，第 13（1）节.

[113] 《瑞典空间活动法》，第 15（7）节.

[114] 《比利时皇家执行法令》，第 11（1）节.

[115] 《比利时空间活动法》，第 15（4）节，第 16（2）节和第 19（3）节.

虽然瑞典空间法阐述了关于追索权的规定，但并未对可追索的金额作出限制[116]。瑞典法规规定，如果有具体理由反对使用追索权，瑞典将无法追索赔偿或仅追索部分赔偿[117]。

5.2.3.2 许可证规定追索权

新西兰和印度尼西亚采取了第二种规定方法，没有专门规定追索权，而是在具体的执照或许可证中规定了赔偿方式[118]。新西兰空间法额外规定，如果空间物体在没有必要许可证的情况下发射或运行，法院可以根据国际法命令新西兰支付赔偿[119]。除了许可中的规定赔偿之外，这一条款的添加确保了当私人实体在没有许可的情况下开展空间活动时，新西兰也将获得赔偿。《印度尼西亚空间法》没有包含此类条款，尽管它明确规定，运营商一般有义务赔偿其空间活动造成的任何损害[120]。

5.2.3.3 未规定追索权

以上两种方法均未使用的国家是中国，是唯一没有规定特定追索权或赔偿义务的国家。相反，如果中国要对中国发射的空间物体造成的损害承担国际责任，则应诉诸中国侵权法[121]。因此，从事高危活动的实体，例如空间活动，对毁坏或损伤负有绝对责任[122]。

---

[116] 《瑞典空间活动法》，第 6 节.

[117] 《瑞典空间活动法》，第 6 节 | 《瑞典空间活动法草案》，13.

[118] 《新西兰空间活动法》，第 10（3）节、第 18（2）节 a、第 26（3）节、第 34（2）节 a 和第 41（2）节 | 《印度尼西亚空间法》，第 35（2）节.

[119] 《新西兰空间活动法》，第 76（2）节 b.

[120] 《印度尼西亚空间法》，第 79（2）节.

[121] 赵云，《中国国家空间法》（布里尔 | 奈霍夫出版社，2015），84.

[122] 赵云，《中国国家空间法》（布里尔 | 奈霍夫出版社，2015），84.

5.2.4　登记

正如第 2 章讨论《外层空间条约》第八条和《登记公约》时所述，各国有义务保留其作为“发射国”的空间物体国家登记册，并向联合国秘书长提供有关这些空间物体的信息。《登记公约》第四条第一款规定，至少需要向联合国秘书长提供以下信息：

- 发射国或多个发射国的国名；
- 空间物体名称或登记号码；
- 发射日期和地点；
- 基本轨道参数，包括交点周期、倾斜角、远地点和近地点；
- 空间物体的一般功能。

由于国际法对登记义务和需要提供给联合国秘书长的信息进行了详细说明，因此，各国遵守义务的方法相当统一（表 5 - 5）。只有当各国要求提供除需要提供给联合国秘书长的信息之外的信息时，法规才出现了不同点。

表 5 - 5　登记

国家	法规对登记的规定	《登记公约》第四条要求的标准信息	额外信息	登记变更信息
瑞典	有	有	无需额外信息	无
英国	有	有	无需额外信息，规定应提交所有符合英国国际义务的相关信息	无
澳大利亚	有	有	任何规定的具体事项	无
中国	有	有	空间物体的所有者、空间物体基本特性、空间物体发射者、运载器名称、空间物体的发射和入轨情况	无

续表

国家	法规对登记的规定	《登记公约》第四条要求的标准信息	额外信息	登记变更信息
比利时	有	有	关于空间物体的制造者、许可证持有者和空间物体的组成部分	无
荷兰	有	有	预计和实际退役日期、被许可人信息，以及部长要求的任何其他信息	无
法国	有	有	制造商的名称、空间物体的历史及其构成的任何附属物、于外层空间的控制方式和运行过程中可能遇到的异常情况	有
奥地利	有	有	国际电联频率分配编号、制造商、所有者和运营者、国际卫星标识符、发射日期和时间、再入的日期和时间、前往坟墓轨道的日期和时间、空间物体信息超链接、运载器和空间物体环绕的天体以及任何其他必要信息	有
印度尼西亚	有	有	无需额外信息	无
丹麦	有	有	运营者的名称和商业登记号，用于发射空间物体的运载器或发射器，以及在轨物体的功能运行期限和运行寿命	有
新西兰	无	不适用	不适用	不适用

然而，在讨论用国家空间法规对登记进行规范的国家之前，有一个国家在登记规范方面是个例外。与其他国家不同，新西兰法规未阐述任何关于空间物体登记的规定。《新西兰空间活动法》仅规定，进一步的法规可规定空间物体的登记、相关登记人以及登记方式[123]。然而，应该指出，没有关于登记的规定不意味着新西兰不遵守其作为发

---

[123] 《新西兰空间活动法》，第 88（1）节 14.

射国对空间物体登记的国际义务。只是登记的国际义务没有在新西兰国家空间法中体现。

未要求提供任何额外信息的国家是瑞典、英国和印度尼西亚。瑞典和印度尼西亚都明确规定了被许可人需要提供的信息，所需信息与根据《登记公约》第四条需提供的信息相同[124]。英国法规没有具体说明需要提供哪些信息；《英国外层空间法》规定，应将符合英国国际义务的相应信息写入登记册[125]。这本质上意味着英国要求提供与《登记公约》第四条要求相同的信息。这个方法的一个好处是，如果向联合国秘书长提供的信息必须变更，英国不必修改其法规以包含新信息。

相比之下，其他国家要求提供更多信息。例如，澳大利亚法规要求的范围更广，除了《登记公约》第四条要求提供的信息外，还要求被许可人提供其他任何规定的具体事项[126]。

相比之下，大多数国家法规更具体地规定了必须提供的额外信息。例如，除了标准信息外，奥地利还要求提供国际电联频率分配编号、制造商、所有者和运营者、国际卫星标识符、发射日期和时间、再入的日期和时间、前往坟墓轨道的日期和时间、空间物体信息超链接、运载器和空间物体环绕的天体，以及任何其他必要信息[127]。中国法规要求被许可人额外提供空间物体的所有者、空间物体基本特性、空间物体发射者、运载器名称、空间物体的发射和入轨情况等信息[128]。与

---

[124] 《瑞典空间活动法令》，第4节｜《印度尼西亚空间法》，第71（4）节.

[125] 《英国外层空间法》，第7（2）节.

[126] 《澳大利亚空间活动法》，第76节.

[127] 《奥地利外层空间法》，第10（1）节｜《奥地利外层空间条例》，第6（2）节.

[128] 《中国发射许可暂行办法》，第6节.

之相似，除了标准信息外[129]，比利时要求提供有关空间物体的制造者、许可证持有者和空间物体的组成部分与相关仪器[130]。法国同样要求提交不同的信息。除了空间物体的名称、空间物体的一般功能、发射日期和地点及轨道参数外，《法国空间活动法》还要求提供制造商的名称、空间物体的历史及其构成的任何附属物、于外层空间的控制方式和运行过程中可能遇到的异常情况[131]。丹麦要求运营者提供的额外信息包括：运营者的名称和商业登记号，用于发射空间物体的运载器或发射器，以及在轨物体的功能运行期限和运行寿命[132]。奥地利、中国、比利时、法国和丹麦的登记规定的共同之处是任何信息变动都需要上报，以便修改登记表[133]。

与讨论过的国家类似，荷兰要求提供额外信息，即预计和实际退役日期、被许可人信息以及部长要求的任何其他信息[134]。然而，荷兰的登记法规有一个特别的问题。对于其他国家在荷兰发射且荷兰国民通过在轨交付方式拥有控制权的空间物体，荷兰认为自己不是发射国，于是也不认为自己是相关登记国。然而，由于大多数国家也不认为自己是此类空间物体的发射国，所以，荷兰和发射空间物体的国家都没有在联合国登记册中登记此类空间物体。因此，导致某些空间物体没有得到登记。虽然荷兰的解释是荷兰对发射没有管辖权或控制权，但

---

[129] 《比利时空间活动法》，第 14（2）节 2.

[130] 《比利时空间活动法》，第 14（2）节 2.

[131] 《法国登记信息法令》，第 1 节.

[132] 《丹麦行政法令》，第 8 节.

[133] 《奥地利外层空间法》，第 10（3）节 | 《中国发射许可暂行办法》，第 9 条 | 《比利时空间活动法》，第 14（2）节 8 | 《法国登记信息法令》，第 2 节 | 《丹麦行政法令》，第 10 节和第 11 节.

[134] 《荷兰空间物体登记法令》，第 3 节.

这确实给空间物体的登记带来了问题。

总之，大多数国家选择在其国家空间法规中阐明空间物体登记相关法规。国家是否要求被许可人或运营者提供额外信息取决于国家自身，不会对其国际义务造成影响。这确实可以更好地登记空间物体并完善可知信息。唯一有问题的登记方法是荷兰采用的方法。由于荷兰认为自己不是在轨交付的空间物体的发射国，一些空间物体不能得到登记。因此，建议其他国家不要效仿荷兰的做法，因为这给登记空间物体的国际义务留下了监管空白。

5.2.5　环境保护

在环境保护方面，国际空间法没有相关条款明确规定环境义务。但是，《外层空间条约》第十一条（译者注：应为第九条）规定：

条约缔约国对包括月球和其他天体的外层空间进行研究和探索时，应避免有害污染以及因引入地外物质使地球环境发生不利变化。必要时，应为此目的采取适当措施。

此外，通过《外层空间条约》第三条可知，各国在授权其国民进行空间活动时也受国际环境法的约束。因此，除瑞典外，所有国家法规都规定了环境保护的相关条款（表 5－6）。尽管如此，瑞典仍然将环境保护作为授予许可证的条件[135]。此外，从规范环境保护的条款可以观察到一个总体趋势，即相关规定非常宽泛，通常只规定进行环境评估和防止有害污染的义务。此类条款可分为两类。第一类条款与保护地球环境和外层空间环境有关。第二类条款则专门关注于减缓空间碎片。

---

[135] 《瑞典空间活动法》，第 3（2）节.

表 5－6　环境保护

国家	环境保护条款	环境保护的监管方式	减缓空间碎片条款	减缓空间碎片的监管方式
瑞典	没有具体条例，可以作为许可证的申请条件	不适用	没有具体条例，可以作为许可证的申请条件	不适用
英国	有	许可证规定，应防止外层空间污染或地球环境破坏	有	许可证规定，活动遵守《空间碎片减缓准则》
澳大利亚	有	被许可人必须制定环境计划并获得所有必要的环境批准	无	不适用
中国	有	开展活动的基本义务包括：维护环境安全、避免污染、防止外层空间有害污染以及对地球环境破坏	有	采用特殊条款，制定与机构间空间碎片协调委员会（IADC）《空间碎片减缓准则》相同的技术标准
比利时	有	被许可人须考虑环境风险，进行环境影响评估，并采取适当措施减小风险	无	不适用
荷兰	有	开展活动的基本义务包括：维护环境安全、避免污染、防止外层空间有害污染以及对地球环境破坏	有	申请人有义务制定空间碎片减缓计划
法国	有	被许可人必须进行环境影响评价，评估环境破坏风险，并采取适当措施降低风险，相关活动需应用国际空间研究委员会（COSPAR）标准	有	申请人有义务制定空间碎片减缓计划，法规进一步规范技术标准

续表

国家	环境保护条款	环境保护的监管方式	减缓空间碎片条款	减缓空间碎片的监管方式
奥地利	有	开展活动的基本义务包括：维护环境安全、避免污染、防止外层空间有害污染以及对地球环境破坏	有	有义务采取适当措施并遵守空间碎片的相关准则；通过提供减缓措施的文件，规范空间碎片的减缓
印度尼西亚	有	开展活动的基本义务包括：维护环境安全、避免污染、防止外层空间有害污染以及对地球环境破坏	有	不适用
丹麦	有	开展活动的基本义务包括：维护环境安全、避免污染、防止外层空间有害污染以及对地球环境破坏	有	有义务采取适当措施并遵守空间碎片的相关准则，空间物体必须在活动结束后 25 年内离开轨道或进入坟墓轨道
新西兰	有	开展活动的基本义务包括：维护环境安全、避免污染、防止外层空间有害污染以及对地球环境破坏	有	申请人有义务制定空间碎片减缓计划

5.2.5.1　环境

在环境保护方面，无论是地球环境还是外层空间环境，一些国家都规定了条件或义务，要求依法开展的活动不得对环境产生负面影响。例如，英国法规规定应防止外层空间受到污染或地球环境遭到破坏[136]。同样，中国、荷兰、奥地利、印度尼西亚、丹麦和新西兰也规定了活

[136] 《英国外层空间法》，第 5（2）节 e.

动需承担的义务：应以环境友好的方式开展活动，避免污染，不应破坏环境或造成有害污染⑬⑦。

相比之下，澳大利亚、比利时和法国主要通过要求被许可人进行环境影响评估，就澳大利亚而言，需制定环境计划，来规范环境保护。对于澳大利亚，申请人必须获得澳大利亚法律规定的所有必要的环境批准，并表明已制定了恰当的环境计划⑬⑧。比利时和法国空间法明确要求申请人进行环境影响评价⑬⑨。法规进一步规定，评价的实际内容应考虑活动相关的环境风险，并采取适当措施降低已发现的风险，例如，对减少环境破坏或减缓空间碎片制定计划，降低有关风险⑭⓪。此外，法国法规规定，如果标准适用，活动还应遵守国际空间研究委员会的行星保护政策中规定的国际标准⑭①。

5.2.5.2 空间碎片

空间碎片，或者说减缓空间碎片，是环境保护的一部分。然而，空间碎片的减缓往往受到单独的关注。对此，英国再次采用了最不明确的做法，在规定活动需要遵守《空间碎片减缓准则》时，通过许可

---

⑬⑦ 《中国发射许可暂行办法》，第 6（d）节 ǀ《荷兰空间活动法》，第 3（3）节 b ǀ《奥地利外层空间法》，第 4（1）节 5 ǀ《印度尼西亚空间法》，第 87 节和第 88（1）节 ǀ《丹麦外层空间法》，第 6（1）节 5、《丹麦行政法令》，第 7 条 ǀ《新西兰空间活动法》，第 10（1）节 g、i，第 18（1）节 d、f，第 26（1）节 e，第 34（1）节 e.

⑬⑧ 《澳大利亚空间活动法》，第 18 节 b；《澳大利亚空间活动条例》，第 3.01（2）节、第 5.01 节.

⑬⑨ 《法国授权法令》，第 1（Ⅱ）节 2（D）ǀ《比利时空间活动法》，第 8（1）节.

⑭⓪ 《法国技术法规法令》，第 9 节 ǀ《比利时皇家执行法令》，第 7（1）节和第 8（1）节.

⑭① 《法国技术法规法令》，第 43 节.

证本身的条件来规范空间碎片的减缓[142]。相比之下，中国颁布了《空间碎片减缓与防护暂行管理办法》，其中规定了与机构间空间碎片协调委员会准则相同的技术标准[143]。荷兰、法国和新西兰要求申请人制定空间碎片减缓计划[144]。此外，法国提出了减少空间碎片产生的技术要求[145]。奥地利和丹麦规定了在空间碎片管理方面应采取适当措施的义务[146]，并规定活动应遵守相关的标准和空间碎片管理准则[147]。但是，除了要求空间物体必须在空间活动结束后 25 年内安全离开地球轨道或前往坟墓轨道，丹麦没有规定除此之外的其他要求[148]。相比之下，奥地利制定了更详细的空间碎片减缓规定，重点是提供相关文件，表明已采取哪些措施来减缓空间碎片[149]。最后，也可以通过制定保护环境的基本条款来规范空间碎片的减缓。

5.2.6　法律执行

国家空间法规的实施说明，根据《外层空间条约》第六条，各国有义务持续监督其国民的空间活动，以及根据《外层空间条约》第八条，登记国对空间活动具有管辖权和控制权。然而，国际空间法并未

---

[142] Richard Tremayne - Smith，"授权背景下的环境保护和空间碎片问题"，源自 Frans von der Dunk（编），《欧洲国家空间立法》（马蒂努斯·奈霍夫出版公司，2011），185 - 187.

[143] 赵云，《中国国家空间法》（布里尔｜ 奈霍夫出版社，2015），220 - 221.

[144] 《荷兰空间活动许可申请修正令的解释》，6 ｜《法国技术法规法令》，第 9 节 ｜《新西兰空间活动法》，第 9（1）节、第 17（1）节、第 25（10）条和第 33（1）节以及《新西兰执照与许可条例》，第 13 节.

[145] 《法国技术法规法令》，第 21 节、第 33 节、第 34 节和第 40 节.

[146] 《丹麦外层空间法》，第 6（1）节 4 ｜《奥地利外层空间法》，第 4（1）节 4.

[147] 《丹麦行政法令》，第 6（1）节 ｜《奥地利外层空间法》，第 5 节.

[148] 《丹麦行政法令》，第 6（2）节.

[149] 《奥地利外层空间条例》，第 2（4）节.

规定各国应如何监管空间活动。因此，与其他问题相比，国家法规的执行主要属于国家事务，取决于国家执法形式。各国一般通过制定活动监管条款和措施与处罚的条款来规范执法（表5-7）。

表5-7 执法：监管、措施和处罚

国家	监管	措施	处罚
瑞典	实体有义务接受设施检查并提供相关信息	对未经必要的授权开展空间活动的实体，实施相关措施	对违反许可证条件的实体，予以处罚
英国	实体有义务接受设施检查并提供相关信息	对违反许可证的要求或条件的实体，实施相关措施	对无必要许可开展活动，违反条件或弄虚作假的实体，予以处罚
澳大利亚	实体有义务接受设施检查并提供相关信息	不适用	对不遵守法律规定、无证开展活动或提供虚假信息的实体，予以处罚
中国	实体有义务接受设施检查并提供相关信息	若实体未经许可开展活动，将被责令停止活动	对欺诈、损害国家利益或无证经营的实体，予以处罚。若实体活动构成犯罪，将追究其刑事责任
比利时	实体有义务接受设施检查并提供相关信息	不适用	对不遵守法律规定、无证开展活动或提供虚假信息的实体，予以处罚
荷兰	实体有义务接受设施检查并提供相关信息	措施可以确保私人实体持证开展空间活动、遵守规定和限制、购买保险、听从政府指示、预防事故发生、降低事故影响、向政府报告事故信息、提供登记所需的信息、配合政府机构监管	对违反义务的实体，荷兰以罚款形式进行处罚
法国	实体有义务接受设施检查并提供相关信息	不适用	对无证开展活动、违反许可条件、无视停止或暂停活动的措施或司法决定、妨碍检查的实体，予以处罚

续表

国家	监管	措施	处罚
奥地利	实体有义务接受设施检查并提供相关信息	不适用	对不遵守法律规定、无证开展活动或提供虚假信息的实体,予以处罚
印度尼西亚	明确了受监管义务,但没有具体条款	不适用	对不遵守法律规定、无证开展活动或提供虚假信息的实体,予以处罚
丹麦	实体有义务接受设施检查并提供相关信息	不适用	对无证开展活动、违反许可条件(包括未购买保险)、未提供信息的实体,予以处罚
新西兰	实体有义务接受设施检查并提供相关信息	不适用	对不遵守法律规定、无证开展活动或提供虚假信息的实体,予以处罚

5.2.6.1　监管

对私人实体活动的监管主要通过两种方式，即检查相关设施和接收被许可人主动或被要求提供的活动信息。被许可人向国家提供的信息包括与活动有关的任何信息。印度尼西亚法规规定其有义务管理和监管空间活动，但未制定有关此类监管的具体条款[150]，除此之外，所有国家都制定了规范监管的条款，通过检查设施并接收有关空间活动的信息[151]。

---

[150] 《印度尼西亚空间法》，第 41（1）节.

[151] 《瑞典空间活动法》，第 3（2）节；《瑞典空间活动法草案》，15 | 《英国外层空间法》，第 5（2）节 a 和第 5（2）节 c | 《澳大利亚空间活动法》，第 20 节和第 29 节 | 《中国发射许可暂行办法》，第 23 节 | 《比利时空间活动法》，第 10 节；《比利时皇家执行法令》，第 2 节 | 《荷兰空间活动法》，第 13 节 | 《法国空间活动法》，第 7 节 | 《奥地利外层空间法》，第 13 节 | 《丹麦外层空间法》，第 16 节和第 17 节 | 《新西兰空间活动法》，第 51 节.

5.2.6.2 措施和处罚

虽然各国的监管方法非常相似，但关于对私人实体采取的措施和处罚，尤其是在实施理由方面，国家法规之间的差异甚大。此外，一个国家采取措施的理由可能会促使另一个国家实施处罚。因此，对有关措施和处罚的规定进行合理比较这点非常困难。各国实施措施或处罚的主要理由是实体不遵守法规和条件。所以，实施理由取决于法规中的条款和许可证规定的条件。

瑞典空间法实施措施和制裁的理由最为基本。实施措施的理由是实体在未经必要授权的情况下开展了活动[152]。此外，当实体违反许可条件时，会被处以罚款或监禁[153]。相比之下，英国在实体违反许可规定的要求或条件情况下实施措施[154]。如果实体无证开展活动、违反许可证条件或作出虚假陈述，则根据《英国外层空间法》进行制裁[155]。同样，澳大利亚、比利时、奥地利、印度尼西亚和新西兰对不遵守法规、无证开展活动或提供虚假信息的实体予以制裁[156]。

相比之下，《荷兰空间活动法》阐述了更多实施理由。行政措施可以确保私人实体持证开展空间活动、遵守规定和限制、购买保险、听从政府指示、预防事故发生、降低事故影响、向政府报告事故信息、提供登记所需的信息、配合政府机构监管[157]。违背这些义务将受到罚

---

[152] 《瑞典空间活动法》，第 5（1）节.

[153] 《瑞典空间活动法》，第 5（1）节.

[154] 《英国外层空间法》，第 8（1）节.

[155] 《英国外层空间法》，第 12 节.

[156] 《澳大利亚空间活动法》，第 11 节 e、f，第 12 节 d、e，第 13 节 f、g，第 14 节 d、e 和第 80 节 | 《比利时空间活动法》，第 19（1）节和第 19（2）节 | 《奥地利外层空间法》，第 14 节 | 《印度尼西亚空间法》，第 94 – 100 节 | 《新西兰空间活动法》，第 65 – 71 节.

[157] 《荷兰空间活动法》，第 14 节.

款处罚[158]。

同样，《法国空间活动法》规定，如果活动未经必要的事先授权，不满足规定的要求，无视停止或暂停活动的行政措施或司法决定，或者阻碍监管检查，实体将受到处罚[159]。《丹麦外层空间法》的实施理由基本相同，但也明确包含不购买保险或不承担赔偿责任、未提交要求的信息，以及未上报活动状况变化[160]。

最后，中国规定，如果实体存在欺诈行为、在申报或执行过程中损害国家利益、无证开展活动，将依法给予行政处罚[161]。此外，如果实体在开展空间活动期间构成犯罪，中国将依法追究刑事责任[162]。此外，如果未取得许可证擅自从事项目，被许可人将被责令停止活动[163]。

总之，各国采取措施和处罚的理由主要取决于法规本身的条款和许可证规定的条件。

5.2.7　其他监管内容

根据对各种国家空间法规的分析，能够发现，若某些国家对特定问题进行了规定，另一些国家可能会对此不作规定或规定很少。本节将讨论有关事故灾难的规定，以及与《营救协定》相关的空间物体的归还（表 5 - 8）。

---

[158] 《荷兰空间活动法》，第 15 节.
[159] 《法国空间活动法》，第 11 节.
[160] 《丹麦外层空间法》，第 21（1）节.
[161] 《中国发射许可暂行办法》，第 24、25 节.
[162] 《中国发射许可暂行办法》，第 24、25 节.
[163] 《中国发射许可暂行办法》，第 25 节.

5.2.7.1 事故

对于少数国家，制定法规的第一个问题是私人实体在其空间物体卷入事故灾难时，即当空间物体发生某种故障，对空间物体、人员或货物造成损害，影响或可能影响空间物体的运行安全时，应采取的措施和应承担的义务。

澳大利亚、比利时、荷兰和印度尼西亚对事故制定了具体的条款。比利时和荷兰采用了非常相似的做法，要求私人实体在事故发生时向当局提供事故信息。《比利时空间活动法》规定，该义务是实体唯一的义务，私人实体应主动提供必要的事故信息[164]。与之相似，《荷兰空间活动法》规定实体应尽快提供事故信息[165]。此外，《荷兰空间活动法》还规定，实体有义务阻止事故发生，如果无法阻止，则应减小事故产生的影响[166]。

相比之下，《澳大利亚空间活动法》赋予调查员索取信息的权力[167]，但不强制许可证持有人主动提供信息。但是，澳大利亚法规额外规定政府可以扣押空间物体以进行调查[168]。此外，该法还规定，在事故发生后，将自动暂停根据该法授予的许可证[169]。事故的定义是，人员因空间物体的运行而死亡或重伤，或空间物体被摧毁、严重损坏或造成财产损失的事件[170]。同样，《印度尼西亚空间法》规定，当事故

---

[164] 《比利时空间活动法》，第 16 节 | 《比利时空间活动法草案》，32.

[165] 《荷兰空间活动法》，第 10（2）节.

[166] 《荷兰空间活动法》，第 10（1）节.

[167] 《澳大利亚空间活动法》，第 91 节.

[168] 《澳大利亚空间活动法》，第 94 节.

[169] 《澳大利亚空间活动法》，第 95 节.

[170] 《澳大利亚空间活动法》，第 85 节.

发生时，将暂停许可证[171]。必要时，将撤销或更改许可证[172]。印度尼西亚法规未进一步规定与事故有关的措施或义务。奥地利和丹麦都制定了类似的条款，法规规定的内容较少[173]。

相比之下，英国并未就事故发生制定具体条例，但在许可证中规定，被许可人有义务将任何偏离轨道参数的意外情况及时上报英国[174]。

鉴于并非所有国家都决定在其国家空间法规中处理事故问题，因此，似乎不需要制定规范该问题的条款。然而，对将相关条款纳入国家空间法一事，荷兰找到了充分的理由。荷兰认为，当其他国家受到事故影响时，荷兰需履行与他国合作的国际义务，因此，制定相关条款具有必要性[175]。合作是国际空间法的重要义务，在《外层空间条约》第一条、第三条和第九条均有不同形式的规定。因此，制定要求许可证持有人提供信息的条款是有意义的，以便国家能够采取必要措施来履行这一义务。

5.2.7.2　空间物体的归还

最后，本节将讨论《营救协定》规定的国际义务。与《外层空间条约》《登记公约》或《责任公约》规定的义务不同，《营救协定》中规定的义务并不一定促使各国制定相关条例，这就是《营救协定》规定的义务尚未纳入国家空间法规的原因。简而言之，《营救协议》详细规定，各国有义务营救、协助和交还其他缔约国的人员，并归还

[171] 《印度尼西亚空间法》，第 69（1）节.

[172] 《印度尼西亚空间法》，第 69（4）节.

[173] 《奥地利外层空间法》，第 6（1）节 | 《丹麦外层空间法》，第 8 和第 9（1）节.

[174] 《英国外层空间法》，第 5（2）节.

[175] 《荷兰空间活动法解释性备忘录》，21.

其他缔约国的已返回地球的空间物体。只有比利时制定了履行《营救协议》规定义务的条款，更确切地说，比利时制定了履行《营救协议》规定义务之一的条款。《比利时空间活动法》规定，在比利时领土或受比利时管辖的地方发现的空间物体应归还比利时主管当局，以便将其归还登记国。法规明确说明此类程序遵守了《营救协定》[176]。因此，该条款规定，发现空间物体的人有义务将空间物体交给比利时当局，以便比利时能够履行归还该物体的国际义务。虽然制定该条款增加了法规的明确程度，但该条款是多余的，因为国家当局必然会知晓空间物体归还行为并确保空间物体为主管当局所有。因此，国家在履行《营救协议》的义务方面应该没有问题。其他国家没有制定类似条款这一简单事实，充分说明了在国家空间法规中制定此类条款并无必要。事故和空间物体的归还比较见表 5-8。

表 5-8　其他标的物：事故和空间物体的归还

国家	事故监管	事故监管方式	归还空间物体的规定
瑞典	无	不适用	无
英国	有	无具体条例，可能有许可证的条件规定相关问题	无
澳大利亚	有	发生事故时暂停许可证；事故调查员拥有索取信息的权力；空间物体的扣押	无
中国	无	不适用	无
比利时	有	被许可人在发生事故时有义务提供信息	有，根据《营救协定》规范空间物体的归还
荷兰	有	被许可人有义务在发生事故时提供信息，有义务预防事故发生或减轻事故影响	无

---

[176] 《瑞典空间活动法》，第 17（1）节.

续表

国家	事故监管	事故监管方式	归还空间物体的规定
法国	无	不适用	无
奥地利	有	发生事故时暂停许可证,视需要撤销或更改许可证	无
印度尼西亚	有	发生事故时暂停许可证,视需要撤销或更改许可证	无
丹麦	有	发生事故时暂停许可证,视需要撤销或更改许可证	无
新西兰	无	不适用	无

第6章　总　述

本书的重点是对第 5 章选定的国家空间法规进行比较分析。但国家空间法规的制定也存在某些趋势。比较分析表明，各国采用了不同的方法来履行国际空间法规定的义务。

从分析中可以清晰地看到，大多数国家都会采用相同的一种或两种方法制定法规。首先，大多数国家的立法范围是领土（准领土）和属人管辖权。尽管比利时、荷兰和英国选择了不同的方法，但如前文所述，这些国家采用的方法可能会导致对空间活动的授权和监督存在空白。其次，在法规的事务范围和外层空间划界方面，各国的方法高度相似，规范了物体发射、运行、控制和返回，使用功能方法划定了外层空间界限。关于许可授权，大多数国家通过单一许可证管理空间活动，规定相同的宽泛要求、条件和限制，要求对许可证转让进行事先批准，阐述了相似的更改、撤销和暂停许可证的理由。四个国家在许可证中规定了保险义务，其他六个国家将保险义务作为获得许可的条件，并在法规中描述定义了这一义务。追索权的具体内容差异较大。大多数国家在对私人实体的空间物体造成的损害承担国际赔偿责任时，都规定了有关追索权的具体条款。尽管国家规定被许可人需要提供的登记信息各不相同，但登记的总体方法非常相似。对于地球和外层空间的环境保护，大多数国家同样规定了一项普遍义务，即活动需保护环境，避免污染，不得对外层空间排放有害污染或对地球环境产生不利影响。此外，许多国家已将缓解空间碎片作为法规的一项单独的具体条款。最后，即使是强烈依赖国内情况的问题，法律法规的执行也显示出很强的相似性，特别是在通过检查设施和收集信息来监管空间活动这方面。

由于每个国家出于不同的原因制定了国家空间法规，因此，导致各国采用了不同的方法。此外，国家空间法规中采用的方法也取决于在国家管辖范围内开展的活动类型或国家鼓励开展的活动类型。例如，由于英国政策鼓励航天港和商业亚轨道飞行，所以，《英国航天业法案》侧重于此类活动。此外，各国采取不同方法也是立法颁布日期不同的结果。首先，因为航天技术在不断发展，所以，法规的颁布日期很重要。《瑞典空间活动法》于1982年颁布，而《新西兰空间活动法》于2017年颁布。35年间的技术能力变化是巨大的，这让二者存在很大差别。这意味着《新西兰空间活动法》需要采取不同的方法以涵盖或排除新型空间活动，比如，法规针对深空活动方面的规定。其次，颁布日期不同，法规可以借鉴的国际法也不同。与《瑞典空间活动法》相比，《新西兰空间活动法》可以参考联合国大会的多项决议和软法律文书，以制定法规中的决定和方法。

最后谈谈卢森堡法规专门针对的一项活动：空间资源开采。与第3章讨论的国家空间法规相比，该法规采用了不同的方法。只有在国家完全确定除某一活动外不会进行任何活动的情况下，才能颁布事务范围如此狭窄的国家空间法规。但是，为一项特定活动制定法律可以确保国家对活动更加深入和广泛的监管。